DISCLAIMER

The author and publisher are providing this book and its contents on an "as is" basis and make no representations or warranties of any kind with respect to this book or its contents. The author and publisher disclaim all such representations and warranties, including but not limited to warranties of merchantability. In addition, the author and publisher do not represent or warrant that the information accessible via this book is accurate, complete, or current.

Except as specifically stated in this book, neither the author nor publisher, nor any authors, contributors, or other representatives will be liable for damages arising out of or in connection with the use of this book. This is a comprehensive limitation of liability that applies to all damages of any kind, including (without limitation) compensatory; direct, indirect, or consequential damages; loss of data, income, or profit; loss of or damage to property; and claims of third parties.

BESTACTIVITYBOOKS.COM

FIRST EDITION - Published 2022

Extra Graphic Material From: www.freepik.com
Thanks to: Alekksall, Starline, Pch.vector, Rawpixel.com, Vectorpocket, Dgim-studio, Upklyak, Macrovector, Stockgiu, Pikisuperstar & Freepik.com Designers

This Book Comes With Free Bonus Puzzles

Available Here:

BestActivityBooks.com/WSBONUS20

5 TIPS TO START!

1) HOW TO SOLVE

The Puzzles are in a Classic Format:

- Words are hidden without breaks (no spaces, dashes, ...)
- Orientation: Forward & Backward, Up & Down or in Diagonal (can be in both directions)
- Words can overlap or cross each other

2) ACTIVE LEARNING

To encourage learning actively, a space is provided next to each word to write down the translation. The **DICTIONARY** allows you to verify and expand your knowledge. You can look up and write down each translation, find the words in the Puzzle then add them to your vocabulary!

3) TAG YOUR WORDS

Have you tried using a tag system? For example, you could mark the words which have been difficult to find with a cross, the ones you loved with a star, new words with a triangle, rare words with a diamond and so on...

4) ORGANIZE YOUR LEARNING

We also offer a convenient **NOTEBOOK** at the end of this edition. Whether on vacation, travelling or at home, you can easily organize your new knowledge without needing a second notebook!

5) FINISHED?

Go to the bonus section: **MONSTER CHALLENGE** to find a free game offered at the end of this edition!

Want more fun and learning activities? It's Fast and Simple!
An entire Game Book Collection just one click away!

Find your next challenge at:

BestActivityBooks.com/MyNextWordSearch

Ready, Set... Go!

Did you know there are around 7,000 different languages in the world? Words are precious.

We love languages and have been working hard to make the highest quality books for you. Our ingredients?

A selection of indispensable learning themes, three big slices of fun, then we add a spoonful of difficult words and a pinch of rare ones. We serve them up with care and a maximum of delight so you can solve the best word games and have fun learning!

Your feedback is essential. You can be an active participant in the success of this book by leaving us a review. Tell us what you liked most in this edition!

Here is a short link which will take you to your order page.

BestBooksActivity.com/Review50

Thanks for your help and enjoy the Game!

Linguas Classics Team

1 - Antiques

Y	Y	Ú	Y	M	C	H	K	Q	O	O	N	I	M
P	M	I	D	Q	U	X	A	Ó	M	S	E	N	A
C	F	R	S	A	Ó	L	H	O	S	J	A	F	I
C	Á	I	L	Í	O	C	H	T	I	G	M	H	S
P	C	Ó	S	Y	Í	Ó	N	S	U	S	H	E	I
R	O	H	W	G	A	L	Á	N	T	A	G	I	Ú
A	I	C	N	V	R	W	C	Í	L	R	H	S	I
G	N	H	I	X	A	N	S	A	U	D	N	T	L
H	N	T	N	A	E	C	O	L	A	O	Á	Í	S
A	Í	A	W	X	L	Ó	R	A	C	E	C	O	F
S	O	S	H	P	I	O	T	E	H	S	H	C	T
H	L	N	E	W	A	S	T	Í	L	B	Y	H	D
Z	L	L	D	A	G	Q	Z	W	X	E	C	T	W
S	Y	M	E	O	N	N	I	O	B	Z	K	Z	A

EALAÍN
CEANT
HAOIS
BOINN
COINNÍOLL
MAISIÚIL
GALÁNTA
TROSCÁN
GAILEARAÍ
INFHEISTÍOCHT
SEODRA
SEAN
PRAGHAS
CÁILÍOCHT
ATHCHÓIRIÚ
STÍL
NEAMHGHNÁCH
LUACH

2 - Food #1

U	B	R	W	R	Y	L	H	E	Q	G	S	J	T
E	A	Q	S	K	E	E	T	I	B	A	A	N	U
I	I	L	E	D	C	M	G	P	D	I	L	I	I
Q	N	Ó	W	L	I	O	V	S	N	R	A	Z	N
E	N	L	A	P	A	N	R	O	T	L	N	O	N
C	E	V	C	A	I	N	É	I	L	E	N	I	Í
A	N	R	O	E	B	A	S	I	L	O	S	N	N
I	P	I	O	R	R	A	R	G	L	G	Ú	N	A
R	S	A	I	L	É	A	D	C	J	E	G	I	N
É	N	Ú	L	A	T	A	H	T	Ú	S	Y	Ú	R
A	P	E	A	N	U	T	A	L	S	I	X	N	A
D	S	P	I	O	N	Á	I	S	T	E	S	W	I
A	U	M	Z	Z	M	A	I	B	R	E	O	G	T
A	K	M	R	W	U	D	A	M	S	K	A	Ó	H

AIBREOG
EORNA
BASIL
CAIRÉAD
CAINÉIL
GAIRLEOG
SÚ
LEMON
BAINNE
OINNIÚN
PEANUT
PIORRA
SAILÉAD
SALANN
ANRAITH
SPIONÁISTE
SÚTHA TALÚN
SIÚCRA
TUINNÍN
TORNAPA

3 - Measurements

D	O	S	D	A	F	Z	N	A	H	C	Á	E	M
I	O	R	F	E	T	O	N	I	T	O	I	R	T
G	U	I	L	C	A	O	A	R	A	E	T	Í	L
R	U	H	M	A	F	C	U	D	C	Ó	W	R	F
A	P	N	I	H	C	Y	H	E	C	N	U	O	A
M	C	J	É	Z	N	H	F	Ú	T	D	L	E	M
Ó	J	J	C	T	N	E	R	O	L	R	B	V	É
Y	A	K	Z	M	A	U	A	B	A	A	P	B	A
M	A	R	G	A	E	L	I	C	Z	Z	C	Z	D
A	E	H	S	I	R	Z	Z	G	H	I	K	H	A
B	Z	M	H	F	F	I	V	R	I	T	Z	W	R
D	V	O	E	O	I	L	Q	D	Q	B	Y	T	E
K	Z	V	W	D	A	É	M	I	Ó	N	W	R	O
C	E	I	N	T	I	M	É	A	D	A	R	V	B

BYTE
CEINTIMÉADAR
DEACHÚLACH
CÉIM
DOIMHNEACHT
GRAM
AIRDE
ORLACH
CILEAGRAM
FAD
LÍTEAR
AIFREANN
MÉADAR
NÓIMÉAD
OUNCE
TON
TOIRT
MEÁCHAN

4 - Farm #2

B	Ó	Z	G	A	R	B	H	A	R	G	W	P	C
A	U	I	S	C	I	Ú	C	H	Á	I	N	G	A
I	W	Í	O	R	C	H	A	R	D	K	L	T	O
N	A	A	I	N	M	H	I	T	H	E	F	M	I
N	F	R	J	Q	T	O	R	T	H	A	Í	E	R
E	G	S	R	I	O	E	M	R	I	E	F	A	I
O	Z	A	E	O	R	N	A	I	A	M	Y	D	G
Q	G	L	L	X	P	V	I	Ó	F	O	A	O	H
U	A	G	D	A	Z	M	B	C	V	R	I	W	G
L	A	Ó	U	V	M	I	P	A	Q	S	V	R	J
L	L	D	C	Z	I	B	O	R	V	C	F	K	E
R	M	A	K	S	Z	B	A	R	N	M	B	Q	Z
L	L	I	M	D	N	I	W	A	V	A	S	Z	M
I	T	H	C	A	E	N	H	T	I	U	R	C	A

AINMHITHE
EORNA
BARN
ARBHAR
DUCK
FEIRMEOIR
BIA
TORTHAÍ
UISCIÚCHÁIN
LAMB
LLAMA
MEADOW
BAINNE
ORCHARD
CAOIRIGH
AOIRE
TARRACÓIR
GLASRAÍ
CRUITHNEACHT
WINDMILL

5 - Books

J	S	S	C	R	Í	O	F	A	I	A	D	Z	A
E	U	E	P	I	C	V	F	G	Q	L	Á	E	J
C	O	M	H	T	H	É	A	C	S	É	N	C	T
B	R	L	F	G	L	I	Ú	I	R	I	A	T	S
A	O	S	C	É	A	L	M	A	Y	T	A	A	F
I	M	L	A	É	C	S	R	Ú	F	H	L	I	I
L	U	Á	B	H	A	R	T	H	A	E	S	R	L
I	H	S	L	G	T	Ú	D	A	R	O	R	G	Í
Ú	Q	F	D	W	T	R	L	Q	J	I	A	T	O
A	G	R	W	P	J	G	A	S	Ó	R	I	H	C
B	B	D	Z	J	U	R	V	E	Q	S	T	E	H
T	V	P	Q	U	P	A	S	A	T	A	H	A	T
L	E	A	T	H	A	N	A	C	H	I	C	C	F
T	R	A	G	Ó	I	D	E	A	C	H	L	H	M

ÚDAR
BAILIÚ
COMHTHÉACS
EPIC
STAIRIÚIL
HUMOROUS
AIRGTHEACH
LITEARTHA
ÚRSCÉAL
LEATHANACH
DÁN
FILÍOCHT
LÉITHEOIR
ÁBHARTHA
SRAITH
SCÉAL
TRAGÓIDEACH
SCRÍOFA

6 - Meditation

G	L	A	C	A	D	H	S	V	S	I	H	C	J
M	B	N	E	T	N	I	O	A	M	S	J	A	Ó
O	U	N	B	N	D	N	I	M	G	U	G	L	C
T	Í	A	G	W	V	Á	L	P	P	R	F	M	V
H	O	S	L	A	D	D	É	Ó	P	T	A	A	V
Ú	C	Ó	U	W	R	Ú	I	S	B	H	R	É	V
C	H	N	A	A	T	R	R	A	S	C	Ó	U	L
H	A	I	I	K	Z	Y	E	T	I	A	G	F	A
Á	S	Á	S	E	S	C	A	L	S	R	A	R	P
I	S	H	E	X	I	Ó	C	Á	O	H	D	C	S
N	H	C	A	G	L	M	H	E	N	B	M	I	K
Z	M	O	C	R	N	F	T	N	A	A	G	H	U
I	Z	Í	H	T	O	S	T	I	S	E	L	J	G
A	S	S	T	C	E	O	L	C	I	M	Z	E	U

GLACADH
AIRD
AWAKE
CALMA
SOILÉIREACHT
TRUA
MOTHÚCHÁIN
BUÍOCHAS
NÓSANNA
SONAS
LÉARGAS
CINEÁLTAS
MEABHRACH
MIND
GLUAISEACHT
CEOL
NÁDÚR
SÍOCHÁIN
TOST
SMAOINTE

7 - Days and Months

X	G	D	D	É	A	R	D	A	O	I	N	M	Í
F	I	G	É	S	A	M	H	A	I	N	I	D	Y
M	V	U	M	S	T	A	T	R	I	Á	M	É	D
L	P	O	J	Ó	A	R	H	B	A	E	F	D	W
H	S	J	N	G	N	T	I	F	T	R	E	O	R
M	Á	R	T	A	I	D	H	R	W	B	H	M	B
A	O	G	I	S	O	L	K	A	K	I	H	H	E
N	E	N	I	O	A	H	É	D	I	A	B	N	A
H	P	D	U	M	D	D	B	J	U	R	O	A	L
L	Ú	N	A	S	A	A	X	Q	U	G	N	I	T
I	I	O	I	Z	É	E	A	N	Á	I	R	G	A
Ú	L	H	P	M	C	B	L	I	A	I	N	H	I
I	G	P	P	D	É	L	U	A	I	N	K	L	N
O	N	L	L	Q	D	F	É	I	L	I	R	E	E

AIBREÁN
LÚNASA
FÉILIRE
FEABHRA
DÉ HAOINE
EANÁIR
IÚIL
MÁRTA
BEALTAINE
DÉ LUAIN
MÍ
SAMHAIN
DÉ SATHAIRN
DÉ DOMHNAIGH
DÉARDAOIN
DÉ MÁIRT
DÉ CÉADAOIN
BLIAIN

8 - Energy

I	X	I	U	N	Ú	I	C	L	É	A	C	H	E
L	N	L	O	A	H	S	H	M	O	C	N	C	Ó
E	R	A	L	S	O	E	R	B	Q	X	G	V	I
I	U	C	T	E	I	N	N	E	A	L	L	A	M
C	V	S	M	H	I	J	P	H	O	T	O	N	Ó
T	C	N	A	H	N	C	Q	Y	O	C	B	I	T
R	A	O	T	A	X	U	T	L	G	C	U	G	A
E	R	I	P	U	P	S	A	R	L	Y	B	I	R
O	B	T	K	W	I	U	E	I	E	S	V	R	D
N	Ó	D	M	N	Ó	R	I	Y	T	A	R	D	I
Ó	N	Q	E	Q	Ó	M	B	G	C	E	C	I	E
C	E	A	L	L	R	A	Í	Í	L	T	W	H	S
A	T	H	C	A	P	Ó	R	T	N	A	E	V	E
P	M	T	R	U	A	I	L	L	I	Ú	L	B	L

CEALLRAÍ
CARBÓN
DIESEL
LEICTREACH
LEICTREON
INNEALL
EANTRÓPACHTA
COMHSHAOL
BREOSLA
TEAS
HIDRIGIN
TIONSCAL
MÓTAR
NÚICLÉACH
PHOTON
TRUAILLIÚ
IN-ATHNUAITE
TUIRBÍN

9 - Archeology

Ó	R	I	T	K	S	S	H	L	I	O	C	H	T
M	U	F	O	A	M	A	U	T	R	N	I	M	H
E	D	G	K	N	I	X	K	J	N	N	L	Y	C
N	A	S	R	Á	T	G	X	U	U	A	E	S	A
S	Í	L	I	A	N	A	H	X	M	E	R	T	E
T	O	R	T	H	A	Í	I	D	E	R	R	E	R
T	E	A	M	P	A	L	L	S	E	I	E	R	I
Í	A	L	O	E	N	I	A	S	E	O	P	Y	Ó
S	H	I	B	H	I	A	L	T	A	F	I	D	T
V	M	X	Í	R	I	Ú	L	B	U	Y	B	R	S
R	Á	T	J	I	É	B	Z	Z	Ó	W	B	M	A
A	N	T	I	Q	U	I	T	Y	O	B	F	H	E
A	C	B	T	A	F	H	J	W	M	L	R	J	M
D	O	T	A	N	A	I	T	H	N	I	D	K	V

ANAILÍS
ÁRSA
ANTIQUITY
CNÁMHA
SHIBHIALTA
SHLIOCHT
RÉ
MEASTÓIREACHT
SAINEOLAÍ
TORTHAÍ
IONTAISE
BLÚIRÍ
MYSTERY
RUDAÍ
RELIC
TAIGHDEOIR
FOIREANN
TEAMPALL
TUAMA
ANAITHNID

10 - Food #2

C	D	Y	T	R	A	G	Ó	I	W	I	K	H	A
H	U	O	K	T	C	M	V	A	C	A	O	A	R
E	N	A	X	G	Ó	Á	V	S	R	Y	Ó	M	T
R	W	S	Z	X	O	Y	I	C	U	M	F	Y	I
R	Y	A	P	P	L	E	Q	S	I	D	E	H	C
Y	O	Ó	E	W	Q	U	Í	A	T	Á	R	T	H
S	E	A	C	L	Á	I	D	G	H	X	I	S	O
B	E	A	C	Á	N	P	Z	A	N	B	L	I	K
E	G	G	P	L	A	N	T	U	E	B	I	C	E
X	Í	L	I	A	C	O	R	B	A	A	O	Í	B
Y	Z	N	F	K	W	T	U	H	C	N	S	N	S
Y	E	W	B	J	O	L	C	Y	H	A	R	K	Q
F	Í	O	N	C	H	A	O	R	T	N	Q	Í	Z
I	C	S	C	V	U	D	X	D	H	A	H	M	S

APPLE
ARTICHOKE
BANANA
BROCAILÍ
SOILIRE
CÁIS
CHERRY
SICÍN
SEACLÁID
UBH
EGGPLANT
IASC
FÍONCHAOR
HAM
KIWI
BEACÁN
RÍS
TRÁTAÍ
CRUITHNEACHT
IÓGART

11 - Chemistry

C	O	N	A	C	S	A	E	T	I	O	N	P	A
A	C	Ú	D	D	A	É	G	I	A	H	X	W	L
T	S	I	A	K	L	M	E	Á	C	H	A	N	C
A	A	C	M	W	A	Ó	O	Z	X	L	Ó	D	A
L	I	L	H	Y	N	Í	R	I	Ó	L	C	X	I
A	G	É	A	C	N	O	E	R	T	C	I	E	L
Í	I	A	C	H	A	K	P	S	H	Z	C	N	E
O	N	C	H	M	I	R	T	E	O	C	H	T	A
C	G	H	Z	Ó	O	D	B	J	H	P	A	H	C
H	A	B	J	I	L	J	R	Ó	N	N	B	C	H
G	S	C	L	L	O	W	T	I	N	I	Ó	A	E
F	Á	P	M	Í	S	N	I	E	G	F	L	E	W
R	D	S	M	N	J	T	H	A	B	I	K	L	F
H	X	O	R	G	Á	N	A	C	H	Ó	N	H	L

AIGÉAD
ALCAILEACH
ADAMHACH
CARBÓN
CATALAÍOCH
CLÓIRÍN
LEICTREON
EINSÍM
GÁS
TEAS
HIDRIGIN
ION
LEACHT
MÓILÍN
NÚICLÉACH
ORGÁNACH
OCSAIGIN
SALANN
TEOCHT
MEÁCHAN

12 - Music

C	I	T	C	E	L	C	E	M	E	L	O	D	Y
I	E	P	K	M	M	H	V	B	P	X	C	U	O
N	W	O	V	Y	N	O	M	R	A	H	B	W	B
O	P	Ó	L	Y	V	R	Ó	I	C	L	J	H	H
M	A	X	A	T	D	U	M	T	E	A	L	C	D
R	C	Ó	C	X	Ó	S	B	H	O	M	O	A	A
A	I	N	O	D	E	I	O	I	L	H	E	E	D
H	P	C	V	G	Q	M	R	M	D	R	C	C	A
M	A	L	B	A	M	Q	Ó	E	R	Á	H	I	E
F	I	L	E	A	T	A	Z	A	Á	N	A	A	F
H	O	H	C	H	X	M	T	C	M	A	N	S	I
V	N	T	T	Q	K	I	M	H	A	Í	A	A	A
Y	L	A	C	I	R	Y	L	Z	J	U	D	L	T
N	Ó	F	A	E	R	C	I	M	W	J	H	C	Ó

ALBAM
BALLAD
CHORUS
CLASAICEACH
ECLECTIC
HARMONIC
HARMONY
LYRICAL
MELODY
MICREAFÓN
CEOL
CEOLTÓIR
CEOLDRÁMA
FILEATA
TAIFEADADH
RITHIM
RITHIMEACH
CHANADH
AMHRÁNAÍ
VOCAL

13 - Family

F	C	C	O	A	H	B	N	A	E	L	R	A	G
E	O	B	G	W	P	R	O	I	U	O	D	A	S
A	L	Z	V	H	E	F	Í	N	L	J	E	T	E
R	C	A	N	O	D	E	N	T	N	E	I	H	A
C	E	Z	W	L	T	J	I	Í	I	Á	R	A	N
É	A	L	E	A	N	A	Í	N	A	B	F	I	M
I	T	S	I	N	S	E	A	R	Ó	H	I	R	H
L	H	N	Ó	F	Q	O	K	I	W	A	Ú	L	Á
E	R	Y	E	I	Ó	C	V	A	J	R	R	Ó	T
Ó	A	X	K	A	G	W	E	H	W	B	D	T	H
C	R	P	K	C	C	E	Y	T	X	B	L	R	A
U	N	C	A	I	L	H	I	Á	B	V	V	K	I
H	S	O	L	H	K	Y	T	M	K	L	O	U	R
S	E	A	N	A	T	H	A	I	R	J	U	K	X

SINSEAR
AINTÍN
LEANAÍ
ÓIGE
COL CEATHRAR
INÍON
ATHAIR
GARLEANBH
SEANATHAIR
SEANMHÁTHAIR
UA
FEAR CÉILE
ÁBHAR
MÁTHAIR
NIA
NEACHT
DEIRFIÚR
UNCAIL

14 - Farm #1

N	N	Y	Y	P	P	B	U	C	H	A	B	Q	N
L	M	R	M	K	J	Ó	L	A	A	L	I	N	U
C	L	H	Ó	E	K	J	T	T	Y	J	S	J	I
T	A	L	M	H	A	Í	O	C	H	T	O	J	S
R	É	I	M	S	E	G	B	Z	N	L	N	W	C
Q	M	I	L	L	L	A	P	A	C	A	H	G	E
D	X	H	Á	E	Ó	B	J	A	Q	O	Q	F	Q
J	W	K	F	T	S	H	B	X	W	F	Z	L	K
S	Í	O	L	T	A	A	R	E	B	P	A	J	N
M	Z	R	R	L	I	R	Í	D	O	N	K	E	Y
W	A	V	D	C	Q	D	S	Y	Z	R	J	E	S
M	N	D	P	L	E	A	S	A	C	H	Á	N	C
B	R	J	R	W	E	C	M	C	K	C	X	H	V
I	G	M	C	A	B	E	S	I	C	Í	N	C	U

TALMHAÍOCHT
BEE
BISON
LAO
CAT
SICÍN
BÓ
CROW
MADRA
DONKEY
FÁL
LEASACHÁN
RÉIMSE
GABHAR
HAY
MIL
CAPALL
RÍS
SÍOLTA
UISCE

15 - Camping

N	C	S	X	E	F	F	O	R	A	O	I	S	V
Á	Á	L	W	J	E	Z	O	J	W	G	M	Á	L
D	B	I	K	C	I	G	I	S	P	L	U	P	L
Ú	Á	A	C	A	T	F	I	A	C	H	S	M	G
R	N	B	O	N	H	C	O	L	K	I	W	O	E
B	F	H	M	O	I	S	P	R	A	O	I	C	A
K	Z	J	M	E	D	P	U	B	A	L	L	D	L
Ó	N	K	A	F	Í	T	U	X	M	M	N	N	A
E	A	C	H	T	R	A	Í	O	C	H	T	A	C
L	É	A	R	S	C	Á	I	L	I	G	D	T	H
F	S	O	N	N	I	A	R	C	Z	R	S	É	I
K	L	N	Ó	D	Ó	I	T	E	Á	I	N	A	M
E	K	M	M	C	J	M	E	A	P	J	L	D	K
K	B	F	A	C	A	I	N	M	H	I	T	H	E

EACHTRAÍOCHTA
AINMHITHE
CÁBÁN
CANOE
COMPÁS
DÓITEÁIN
FORAOIS
SPRAOI
HAMMOCK
HATA
FIACH
FEITHIDÍ
LOCH
LÉARSCÁIL
GEALACH
SLIABH
NÁDÚR
TÉAD
PUBALL
CRAINN

16 - Algebra

R	N	M	B	H	P	F	A	R	G	X	W	D	J
É	L	Í	N	E	A	C	H	T	N	N	G	B	G
I	B	R	É	A	G	A	C	H	H	F	E	Q	A
T	T	R	E	A	L	A	M	H	G	R	V	H	N
E	L	M	R	I	O	F	D	W	W	H	Ó	I	T
A	A	M	Z	O	E	M	Ó	D	V	G	V	G	E
C	R	K	X	L	V	F	N	L	E	P	W	X	O
H	K	Y	D	I	Á	R	A	É	L	A	Ó	Z	R
N	I	A	L	A	S	N	Á	D	O	C	L	R	A
R	A	N	N	Á	N	O	Í	L	H	Q	Ó	Ú	I
E	A	S	P	Ó	N	A	N	T	T	B	G	N	N
M	A	I	T	R	Í	S	R	C	J	I	J	H	N
F	A	C	H	T	Ó	I	R	A	Z	Q	Y	E	C
S	I	M	P	L	I	Ú	L	Ú	I	B	Í	N	Í

LÉARÁID
RANNÁN
TREALAMH
EASPÓNANT
FACHTÓIR
BRÉAGACH
FOIRMLE
CODÁN
GRAF
GAN TEORAINN
LÍNEACH
MAITRÍS
LÍON
LÚIBÍNÍ
FADHB
SIMPLIÚ
RÉITEACH
DEALÚ
ATHRÓG
NIALAS

17 - Numbers

O	S	O	Ó	F	G	A	É	D	I	O	A	N	D
C	É	B	L	B	N	Q	P	E	Z	H	S	A	S
H	C	E	I	T	H	R	E	I	F	T	N	O	A
T	T	T	K	B	Ó	T	D	C	C	V	H	I	L
D	Ó	A	G	A	É	D	T	H	C	A	E	S	A
É	W	Y	M	A	C	E	A	T	H	A	I	R	I
A	O	C	H	T	K	H	W	N	W	Ó	A	W	N
G	F	S	C	Q	M	C	S	Z	C	T	L	F	K
P	I	J	S	É	C	I	N	N	D	É	A	G	F
A	O	Ú	V	Z	W	F	Z	H	C	I	H	Z	Y
T	R	Í	C	I	N	N	D	É	A	G	F	X	J
H	W	R	D	D	E	A	C	H	Ú	L	A	C	H
I	Q	T	H	C	A	E	S	O	G	P	U	M	S
A	J	D	Ó	B	D	X	M	U	J	J	V	R	O

DEACHÚLACH
OCHT
OCHT DÉAG
CÚIG
CEITHRE
A CEATHAIR
MATH
NAOI
NAOI DÉAG
AON
SEACHT
A SEACHT DÉAG
SÉ
SÉ CINN DÉAG
DEICH
TRÍ CINN DÉAG
TRÍ
FICHE
DÓ
NIALAS

18 - Spices

F	E	N	N	E	L	H	S	S	A	L	A	N	N
A	N	I	S	E	V	O	L	C	O	I	G	Y	O
G	V	A	N	I	L	L	A	D	H	É	I	B	R
C	O	R	I	A	N	D	E	R	B	N	N	L	F
P	K	E	E	R	G	U	N	E	F	I	G	A	F
C	A	N	L	Q	R	E	H	B	R	A	E	S	A
A	B	P	U	R	C	T	I	Z	K	C	R	Z	S
R	L	W	R	T	I	O	I	N	N	I	Ú	N	I
D	S	I	L	I	M	A	C	I	F	K	S	B	R
A	A	N	F	M	K	E	G	M	J	V	N	D	G
M	E	J	G	S	A	A	G	U	O	M	F	P	L
O	A	Z	I	T	G	W	X	C	H	B	T	Ó	V
M	E	M	G	J	F	T	P	S	Y	A	W	I	M
C	U	R	R	Y	K	Z	W	U	C	O	G	R	H

ANISE
SEARBH
CARDAMOM
CAINÉIL
CLOVE
CORIANDER
CUMIN
CURRY
FENNEL
FENUGREEK
BLAS
GAIRLEOG
GINGER
NUTMEG
OINNIÚN
PAPRIKA
SAFFRON
SALANN
MILIS
VANILLA

19 - Universe

J	W	N	O	E	C	I	T	S	L	O	S	K	L
M	E	Á	N	C	H	I	O	R	C	A	L	F	E
R	A	E	G	O	R	B	I	T	H	E	A	F	A
É	T	S	W	E	F	Í	S	L	K	S	I	Z	T
A	M	Í	A	F	A	D	O	I	Ó	R	T	B	H
L	A	F	U	I	Ó	L	S	T	Y	K	S	G	S
T	I	G	P	Ó	C	S	A	E	L	I	E	T	F
E	S	R	S	Z	T	Y	D	C	L	D	L	N	É
O	F	É	W	S	L	X	A	M	H	S	E	W	A
L	É	I	F	M	V	S	H	Z	E	B	C	G	R
A	A	N	S	A	V	Y	C	B	S	N	W	I	Q
Í	R	E	J	J	C	A	R	T	L	A	É	R	O
I	P	H	Í	A	M	S	O	C	A	K	J	G	P
P	Ó	X	P	V	P	X	D	N	Z	J	T	E	O

RÉALTEOLAÍ
ATMAISFÉAR
CELESTIAL
COSMAÍ
DORCHADAS
EON
MEÁNCHIORCAL
RÉALTRA
LEATHSFÉAR
FÍS
GEALACH
ORBIT
SKY
GRÉINE
SOLSTICE
TEILEASCÓP
TILT
FÍSEÁN

20 - Mammals

J	O	S	J	V	N	D	M	Z	M	M	B	B	I
F	U	O	O	F	H	Q	A	E	K	A	E	U	Z
V	F	M	W	A	D	N	D	B	K	C	A	L	S
K	M	Q	X	M	X	Í	R	R	Y	T	V	L	V
C	O	Y	O	T	E	N	A	A	W	Í	E	C	Ó
D	O	C	G	O	R	I	L	L	A	R	R	T	I
E	R	H	A	M	B	O	Ó	J	Q	E	I	Z	E
I	A	S	B	T	E	C	A	O	I	R	I	G	H
L	G	L	X	N	A	X	W	C	L	C	Z	A	X
F	N	O	F	Á	R	O	I	S	A	I	C	C	P
Í	A	C	N	O	M	F	I	H	R	P	O	E	B
C	K	E	I	L	I	F	I	N	T	T	A	N	V
X	M	Í	O	L	M	Ó	R	R	Ó	I	F	L	Ó
U	W	C	O	N	N	H	R	S	J	N	M	U	L

BEAR
BEAVER
BULL
CAT
COYOTE
MADRA
DEILF
EILIFINT
FOX
SIORÁF
GORILLA
CAPALL
KANGAROO
LION
MONCAÍ
COINÍN
CAOIRIGH
MÍOL MÓR
MAC TÍRE
ZEBRA

21 - Restaurant #1

M	A	T	Á	L	P	E	O	J	P	F	S	I	A
X	I	Y	R	I	A	H	B	Á	H	M	O	C	I
M	R	S	S	E	R	T	I	A	W	N	H	N	L
T	G	U	I	C	Á	I	T	S	P	I	C	Y	L
B	E	O	U	V	L	C	T	O	M	K	Z	S	É
E	A	A	U	D	H	F	A	H	D	P	Ó	A	I
F	D	H	M	G	C	B	P	X	I	A	M	N	R
E	Ó	W	P	O	H	B	I	A	P	N	A	L	G
F	I	B	H	E	G	B	D	L	I	A	T	A	E
I	R	L	R	S	O	O	L	O	Q	I	E	N	P
A	R	Á	N	L	R	W	T	E	G	C	Y	N	U
C	I	S	T	I	N	L	O	F	N	S	M	P	L
D	J	S	W	M	S	I	C	Í	N	Q	A	O	S
L	H	Ó	N	Q	K	X	Q	L	N	V	A	N	T

AILLÉIRGE
BOWL
ARÁN
AIRGEADÓIR
SICÍN
CAIFE
MILSEOG
BIA
COMHÁBHAIR
CISTIN
SCIAN
FEOLA
ROGHCHLÁR
NAPKIN
PLÁTA
ÁIRITHINT
ANLANN
SPICY
WAITRESS

22 - Bees

T	G	H	E	Q	R	Y	D	G	L	D	K	F	E
H	A	A	M	I	L	G	G	N	T	E	U	E	É
C	S	I	I	Ó	A	Q	N	Á	O	A	U	I	I
A	V	B	R	R	Q	O	O	T	R	T	H	T	C
L	O	P	Y	B	D	E	Í	H	T	A	M	H	E
Ú	J	A	Z	V	H	Í	R	Ó	H	I	P	I	A
S	M	I	Z	V	U	E	N	G	A	G	Í	D	C
G	O	L	W	O	D	V	A	J	Í	H	A	Í	H
A	S	I	Z	D	M	I	B	C	S	G	D	S	Ó
É	S	N	E	E	S	H	Y	W	H	W	N	S	R
P	O	L	L	I	N	A	T	O	R	A	A	I	A
S	L	B	L	Á	T	H	A	N	N	A	L	R	S
C	B	C	É	I	R	Ó	J	U	A	C	P	N	M
Z	R	T	X	K	E	D	V	S	H	L	V	D	N

TAIRBHEACH
BLOSSOM
ÉAGSÚLACHT
ÉICEACHÓRAS
BLÁTHANNA
BIA
TORTHAÍ
GAIRDÍN
GNÁTHÓG
HIVE
MIL
FEITHIDÍ
PLANDAÍ
PAILIN
POLLINATOR
BANRÍON
DEATAIGH
SUN
SWARM
CÉIR

23 - Weather

O	S	G	A	O	I	T	H	E	S	E	C	S	Q
D	I	U	F	S	I	T	J	T	H	C	O	E	T
A	B	G	M	O	N	S	O	O	N	N	X	S	O
N	N	W	H	C	A	E	R	T	N	I	T	K	X
R	Í	H	C	E	D	I	Á	R	E	A	S	Y	K
O	C	N	H	D	A	T	R	I	O	M	A	C	H
T	I	F	H	T	E	R	S	W	H	F	A	B	S
B	R	E	E	Z	E	O	P	T	A	S	Ó	G	C
M	I	R	I	T	B	M	B	M	O	Y	Ó	D	A
U	A	I	T	J	Z	L	Q	U	J	R	R	L	M
T	H	U	N	D	E	R	A	L	O	P	M	M	A
X	L	Z	A	T	M	A	I	S	F	É	A	R	L
N	V	T	U	A	R	C	E	A	T	H	A	L	L
T	E	O	C	H	R	I	O	S	A	C	H	B	N

ATMAISFÉAR
BREEZE
AERÁIDE
SCAMALL
TRIOMACH
TIRIM
CEO
HAIRICÍN
OIGHEAR
TINTREACH
MONSOON
POLAR
TUAR CEATHA
SKY
STORM
TEOCHT
THUNDER
TORNADO
TEOCHRIOSACH
GAOITHE

24 - Adventure

K	Q	S	E	A	N	S	I	A	R	G	O	Í	D
E	K	C	Y	N	I	Á	L	H	S	Ú	D	I	K
I	B	S	E	H	O	D	E	I	S	H	H	Z	N
J	T	Í	U	F	N	O	I	S	R	U	C	X	E
D	H	I	R	K	T	H	C	A	R	C	A	E	D
R	C	T	N	C	A	Á	T	H	A	S	E	O	M
T	A	H	A	E	S	K	Q	U	T	U	T	Ó	P
J	G	C	O	G	R	N	X	B	Q	D	R	U	C
U	Ó	A	S	D	V	A	N	B	O	U	I	A	U
C	R	E	W	N	G	Z	R	A	X	B	Ú	I	Ó
K	C	L	G	P	U	T	O	Y	E	M	T	N	C
U	L	L	M	H	Ú	A	A	N	F	C	N	M	T
F	A	I	Y	Ó	N	Á	D	Ú	R	W	O	Ó	F
D	D	Á	F	P	L	F	L	B	T	P	C	A	P

ÁILLEACHT
CRÓGACHT
DÚSHLÁIN
SEANS
CONTÚIRTEACH
CEANN SCRÍBE
DEACRACHT
DÍOGRAIS
EXCURSION
ITINERARY
ÁTHAS
NÁDÚR
NUA
DEIS
ULLMHÚ
IONTAS

25 - Sport

Z	U	J	E	Z	H	V	S	T	F	Y	Y	N	N
C	E	C	G	N	I	A	S	H	M	A	D	S	E
M	L	J	L	E	D	Ó	S	C	U	E	B	W	A
S	E	Á	M	S	A	U	J	O	P	S	J	H	R
P	T	I	R	I	S	C	R	Í	Q	A	R	G	T
Ó	S	S	T	M	N	L	I	A	H	M	Á	N	C
I	I	P	W	I	M	O	B	H	N	U	Z	I	A
R	Ó	R	U	X	B	Ú	H	T	O	C	N	G	I
T	C	I	E	A	D	I	J	O	Ó	T	E	G	S
S	E	O	X	M	F	Q	L	R	E	M	Y	O	T
A	S	C	J	Y	T	Z	B	E	P	W	U	J	E
M	A	T	Á	I	N	V	J	Q	A	A	H	T	B
C	O	M	H	L	A	C	H	T	R	C	Y	Q	I
S	L	Á	I	N	T	E	X	Z	C	F	H	A	A

CUMAS
COMHLACHT
CNÁMHA
CÓISTE
ROTHAÍOCHT
DAMHSA
AISTE BIA
ENDURANCE
SPRIOC

SLÁINTE
JOGGING
MAXIMISE
MEITIBILEACH
MATÁIN
COTHÚ
CLÁR
SPÓIRT
NEART

26 - Circus

C	A	I	N	M	H	I	T	H	E	L	I	O	N
E	L	B	A	L	Ú	I	N	H	H	L	D	V	A
P	O	O	Z	U	D	R	X	N	Ó	E	N	I	I
T	E	Í	W	E	I	E	Q	U	K	A	G	M	C
H	C	A	T	N	O	I	R	Z	Y	S	R	X	I
C	X	C	R	I	P	A	R	Á	I	D	E	W	G
O	E	N	V	Á	M	A	G	I	C	E	N	K	A
Í	N	O	R	E	L	G	G	U	J	M	Z	A	M
A	X	M	E	P	Y	E	Z	U	W	F	P	N	C
S	Ó	B	C	S	É	A	D	A	Í	F	U	Q	L
M	J	L	R	I	A	G	O	Í	T	I	B	L	F
A	M	A	E	A	T	R	I	C	K	Ó	A	D	E
I	Z	G	C	T	A	B	O	R	C	A	L	W	K
S	P	L	E	I	L	I	F	I	N	T	L	T	Z

ACROBAT
AINMHITHE
BALÚIN
CANDY
CLOWN
ÉADAÍ
EILIFINT
SIAMSAÍOCHT
JUGGLER
LION
MAGIC
MAGICIAN
MONCAÍ
CEOL
PARÁID
TAISPEÁIN
IONTACH
PUBALL
TÍOGAIR
TRICK

27 - Restaurant #2

G	H	X	D	Z	Y	N	D	I	N	N	É	A	R
E	Y	Ó	Q	W	Q	G	Ó	N	Ú	P	S	L	D
C	A	T	H	A	O	I	R	L	E	A	C	H	Í
S	S	Q	M	G	M	W	O	W	F	A	B	C	S
I	E	A	K	Q	T	V	I	O	Z	O	G	A	P
U	N	A	I	X	X	J	G	D	H	P	R	H	Í
S	A	I	L	É	A	D	H	E	T	S	Í	C	O
S	U	O	I	C	I	L	E	D	I	G	U	A	S
P	L	D	A	K	E	O	A	D	A	L	S	E	R
C	W	J	D	V	E	R	R	S	R	A	A	H	A
P	A	N	Ú	V	Ó	L	J	H	N	S	L	B	Í
Y	W	A	N	D	Y	S	N	Ó	A	R	A	I	Q
F	R	E	A	S	T	A	L	A	Í	A	N	U	Z
Z	T	O	R	T	H	A	Í	E	D	Í	N	R	B

DÍ
CÍSTE
CATHAOIRLEACH
DELICIOUS
DINNÉAR
UIBHEACHA
IASC
FORC
TORTHAÍ
OIGHEAR
LÓN
NÚDAIL
SAILÉAD
SALANN
ANRAITH
SPÍOSRAÍ
SPÚNÓG
GLASRAÍ
FREASTALAÍ
UISCE

28 - Geology

C	G	H	R	J	K	Q	W	C	S	Y	C	G	B
L	A	E	S	I	C	J	E	A	A	X	R	R	O
O	D	P	Y	C	U	L	P	I	L	K	E	I	L
C	P	N	L	S	T	A	J	L	A	M	I	A	C
H	L	N	A	A	E	A	J	C	N	B	M	N	Á
L	I	I	N	M	T	R	F	I	N	S	E	C	N
B	A	O	O	S	D	E	C	A	C	E	A	H	C
D	T	R	L	A	V	A	A	M	W	S	D	L	A
R	S	R	O	W	X	F	Ó	U	F	I	H	O	V
X	O	Ó	E	C	M	I	A	N	R	A	Í	C	E
T	I	M	T	H	R	I	A	L	L	T	A	H	R
S	R	Z	D	P	P	O	P	L	Q	N	V	Q	N
A	C	A	I	G	É	A	D	G	G	O	Y	Z	C
C	R	I	T	H	T	A	L	Ú	N	I	R	W	W

AIGÉAD
CAILCIAM
CAVERN
MÓR-ROINN
CORAL
CRIOSTAIL
TIMTHRIALLTA
CRITH TALÚN
CREIMEADH
IONTAISE
GEYSER
LAVA
CISEAL
MIANRAÍ
PLATEAU
GRIANCHLOCH
SALANN
CLOCH
BOLCÁN

29 - House

T	B	R	O	O	M	X	R	B	L	Ó	H	Ó	V
U	E	T	S	I	Á	R	A	G	F	A	T	U	G
R	C	A	H	C	A	R	H	C	O	E	M	N	J
L	F	R	L	P	Z	F	G	H	H	C	U	P	L
Á	C	M	J	L	D	C	I	S	T	I	N	S	A
R	T	O	J	B	A	C	M	A	I	T	O	C	G
A	J	E	S	E	E	C	L	R	C	T	Í	Á	I
X	O	S	H	P	B	P	H	O	A	A	D	T	Ó
C	U	I	R	T	Í	N	Í	D	T	K	D	H	U
Y	T	D	F	F	U	I	N	N	E	O	G	Á	G
X	E	A	N	Á	C	S	O	R	T	K	G	N	X
Ó	O	L	M	U	L	V	C	Ó	D	M	X	I	K
L	E	A	B	H	A	R	L	A	N	N	X	J	P
G	A	I	R	D	Í	N	B	A	L	L	A	Z	X

ATTIC
BROOM
CUIRTÍNÍ
DORAS
FÁL
TEALLACH
URLÁR
TROSCÁN
GARÁISTE
GAIRDÍN
EOCHRACHA
CISTIN
LAMPA
LEABHARLANN
SCÁTHÁN
DÍON
SEOMRA
CITH
BALLA
FUINNEOG

30 - Physics

T	P	Q	L	V	K	Z	A	S	E	K	F	N	M
G	Á	S	E	L	M	R	I	O	F	M	M	S	C
I	Y	R	I	U	N	L	F	M	I	N	R	R	E
N	E	U	C	A	S	M	R	C	H	A	O	S	I
N	T	Ú	T	H	J	D	E	K	S	M	C	R	M
E	H	M	R	C	I	K	A	X	Ó	R	X	C	I
A	C	Ó	E	A	L	Y	N	A	D	A	M	H	C
L	O	I	O	É	É	U	N	G	U	X	Y	C	E
L	Í	L	N	L	P	H	A	N	B	I	B	O	A
A	C	Í	C	C	Q	Á	G	S	T	Ó	R	Í	C
C	I	N	C	I	E	M	I	S	Ú	L	D	L	H
A	N	N	I	Ú	Q	F	Z	R	A	U	I	I	E
J	I	I	D	N	O	V	M	Y	T	U	B	U	D
V	M	E	R	Y	T	I	V	I	T	A	L	E	R

LUASGHÉARÚ
ADAMH
CHAOS
CEIMICEACH
DLÚS
LEICTREON
INNEALL
FOIRMLE
MINICÍOCHT
GÁS
AIFREANN
MEICNIC
MÓILÍN
NÚICLÉACH
PÁIRT
RELATIVITY
LUAS
UILÍOCH

31 - Coffee

É	A	R	O	M	A	B	N	B	A	I	N	N	E
S	A	L	B	D	Í	Y	Á	U	I	S	C	E	J
L	R	G	J	J	C	I	P	K	I	O	C	H	B
Q	C	H	S	V	D	S	U	Q	W	G	A	D	A
E	Ú	C	U	Ú	K	B	C	R	Ó	S	T	A	I
F	I	A	A	M	L	U	S	A	H	G	A	R	P
T	S	D	C	O	L	A	K	G	G	O	U	Q	C
G	D	A	H	B	U	D	C	A	H	M	F	V	A
M	S	É	T	O	P	S	T	H	C	A	E	L	I
C	A	G	A	R	W	E	L	D	T	N	M	T	F
Z	R	I	R	U	T	A	U	S	L	A	M	N	É
G	V	A	D	L	B	R	V	A	I	E	X	P	I
V	N	I	E	I	B	B	A	U	E	N	L	B	N
V	Y	F	I	F	N	H	B	R	M	H	P	B	V

AIGÉADACH
AROMA
DÍ
SEARBH
DUBH
CAIFÉIN
UACHTAR
CUPÁN
SCAG
BLAS
MEILT
LEACHT
BAINNE
MAIDIN
PRAGHAS
RÓSTA
SIÚCRA
ÉAGSÚLACHT
UISCE

32 - Colors

A	J	Q	W	D	W	E	Z	O	A	L	L	B	B
J	Z	K	Í	U	B	O	B	N	W	Y	P	W	E
G	M	U	D	B	C	M	A	G	E	N	T	A	I
R	O	R	R	H	W	X	I	D	T	W	C	I	G
J	J	R	C	E	K	T	S	M	S	O	B	P	E
G	G	I	M	S	S	L	H	W	I	R	V	E	T
D	L	Z	N	A	M	D	C	Q	Á	B	L	S	X
C	A	M	U	D	L	O	U	E	R	G	R	A	Y
Y	S	Z	L	L	I	K	F	K	O	U	J	A	R
A	B	Á	N	R	D	G	C	D	D	E	A	R	G
N	J	G	G	A	P	Q	O	G	P	A	W	C	B
A	Z	D	Ó	B	Á	N	D	E	A	R	G	R	V
V	I	O	L	E	T	O	V	F	I	A	S	O	G
F	A	V	U	H	Y	V	G	A	J	F	D	C	Q

AZURE
BEIGE
DUBH
GORM
BROWN
CYAN
FUCHSIA
GLAS
GRAY
INDIGO
MAGENTA
ORÁISTE
BÁNDEARG
CORCRA
DEARG
SEPIA
VIOLET
BÁN
BUÍ

33 - Shapes

Z	X	D	P	T	I	O	Y	A	H	G	P	T	E
J	Q	L	E	I	Z	W	C	S	R	J	O	A	L
C	L	Í	N	E	R	A	É	F	S	C	L	O	L
I	Ó	N	S	N	A	I	J	S	G	C	A	B	I
M	O	N	V	N	U	D	M	S	J	C	G	H	P
I	V	P	S	I	C	Q	S	I	R	I	Á	T	S
L	K	G	V	Ú	N	A	I	V	D	O	N	R	E
L	U	E	M	C	Y	L	R	E	F	R	R	I	J
C	E	A	R	N	Ó	G	P	J	B	C	S	A	Q
H	Y	P	E	R	B	O	L	A	M	A	T	N	O
O	V	A	L	Y	Ú	C	H	Ó	F	L	P	T	H
H	F	I	R	R	I	Ó	C	R	O	S	M	Á	X
K	R	Ó	W	C	C	Q	R	R	M	V	E	N	A
D	R	O	N	U	I	L	L	E	O	G	G	U	G

ARC
CIORCAL
CÓN
CÚINNE
CIÚB
CUAR
SORCÓIR
IMILL
ELLIPSE
HYPERBOLA
LÍNE
OVAL
POLAGÁN
PRISM
PIRIMID
DRONUILLEOG
TAOBH
SFÉAR
CEARNÓG
TRIANTÁN

34 - Scientific Disciplines

B	I	T	H	E	O	L	A	Í	O	C	H	T	S
P	C	I	S	I	F	H	X	Q	Y	S	S	E	Í
B	I	K	I	N	E	S	I	O	L	O	G	Y	C
I	M	R	Ó	B	A	T	A	I	C	Ó	Ó	L	E
P	I	Z	Ó	E	O	L	A	Í	O	C	H	T	O
T	E	I	R	M	I	D	I	N	I	M	I	C	L
S	H	T	H	C	O	Í	A	M	A	T	A	N	A
D	C	F	S	P	J	I	C	E	I	M	I	C	Í
Ú	H	T	O	C	M	I	A	N	A	C	H	K	O
E	T	H	C	O	Í	A	L	O	E	S	I	F	C
Q	I	H	V	W	K	E	S	N	D	Z	Y	X	H
D	B	M	E	I	C	N	I	C	G	Ó	Y	Z	T
N	É	A	R	E	O	L	A	Í	O	C	H	T	R
N	P	D	Y	G	E	O	L	A	Í	O	C	H	T

ANATAMAÍOCHT
BITHCHEIMIC
BITHEOLAÍOCHT
CEIMIC
GEOLAÍOCHT
KINESIOLOGY
MEICNIC
MIANACH
NÉAREOLAÍOCHT
COTHÚ
FISIC
FISEOLAÍOCHT
SÍCEOLAÍOCHT
RÓBATAIC
TEIRMIDINIMIC
ZÓ-EOLAÍOCHT

35 - Science

C	K	H	C	A	N	Á	G	R	O	F	Y	L	I
E	I	D	K	X	E	F	E	G	S	N	N	I	O
I	K	O	H	H	P	R	I	L	I	Q	Á	E	N
M	C	M	G	M	L	L	Á	S	P	V	D	Ó	T
I	Á	Z	Í	A	A	G	J	I	I	M	Ú	É	A
C	I	V	N	D	N	N	Y	Í	D	C	R	A	I
E	T	Y	Í	A	D	Y	G	A	N	E	E	B	S
A	H	D	L	X	A	X	Z	R	E	E	O	H	E
C	N	C	I	R	Í	F	E	N	U	O	L	L	X
H	Í	M	Ó	D	Y	V	G	O	R	T	A	Ó	V
O	N	I	M	E	Q	R	M	S	M	P	Í	I	C
J	Í	A	R	N	A	I	M	Y	L	C	X	D	G
H	I	P	I	T	É	I	S	F	M	Ó	U	R	V
S	A	O	T	H	A	R	L	A	N	N	B	W	L

ADAMH
CEIMICEACH
AERÁIDE
SONRAÍ
ÉABHLÓID
TURGNAMH
FÍRIC
IONTAISE
HIPITÉIS
SAOTHARLANN
MODH
MIANRAÍ
MÓILÍNÍ
NÁDÚR
ORGÁNACH
CÁITHNÍNÍ
FISIC
PLANDAÍ
EOLAÍ

36 - Beauty

W	H	S	S	Y	N	Á	H	T	Á	C	S	S	J
S	I	O	S	Ú	R	G	G	Á	W	H	X	E	P
C	Q	M	A	K	E	U	P	I	L	A	L	I	H
R	J	S	T	C	C	L	D	R	D	R	Q	R	O
A	Y	H	N	I	A	E	A	G	D	M	I	B	T
I	Ó	A	Á	T	R	L	T	Í	Z	B	O	H	O
C	C	M	L	S	G	E	H	M	F	M	L	Í	G
E	U	P	A	P	V	G	H	A	C	N	A	S	E
A	M	O	G	I	S	A	K	S	A	U	Í	Í	N
N	H	O	C	L	K	N	K	C	O	W	R	Q	I
N	R	E	C	T	E	C	A	A	I	Z	A	L	C
A	Á	Z	K	K	V	E	M	R	A	W	P	U	S
O	I	D	Q	R	Í	D	I	A	M	S	O	C	N
W	N	Q	S	T	Y	L	I	S	T	D	G	B	B

CHARM
DATH
COSMAIDÍ
CURLS
ELEGANCE
GALÁNTA
CUMHRÁIN
GRACE
LIPSTICK
MAKEUP
MASCARA
SCÁTHÁN
OLAÍ
PHOTOGENIC
TÁIRGÍ
SIOSÚR
SEIRBHÍSÍ
SHAMPOO
CRAICEANN
STYLIST

37 - Clothes

F	S	F	C	C	E	N	I	É	L	Z	L	U	Y
O	M	R	Q	C	T	A	A	N	Ú	G	A	Í	I
J	Z	L	Q	R	J	Q	B	P	J	E	A	N	S
S	A	M	A	J	A	P	L	S	R	L	W	N	O
G	C	L	R	F	S	M	Ú	B	S	Ú	V	I	I
E	Z	I	D	M	C	D	S	H	R	M	N	A	R
A	S	U	O	N	H	E	B	N	G	U	A	H	C
N	F	S	E	R	P	A	N	T	S	E	E	M	A
S	P	A	S	Z	T	T	H	F	T	Z	S	Á	P
A	U	N	A	C	E	A	Ó	G	Z	I	I	L	R
Í	S	D	O	J	K	H	T	Y	V	T	A	T	I
W	Q	A	W	G	C	F	G	Ó	R	B	F	B	L
T	E	L	E	C	A	R	B	N	C	Q	S	Ó	T
H	E	S	D	Q	J	S	C	A	I	R	F	W	V

NAPRÚN
CRIOS
BLÚS
BRACELET
CÓTA
GÚNA
FAISEAN
LÁMHAINNÍ
HATA
JACKET
JEANS
SEODRA
PAJAMAS
PANTS
SANDALS
SCAIRF
LÉINE
BRÓG
SCIORTA
GEANSAÍ

38 - Insects

C	X	X	M	L	R	G	T	K	X	B	K	Y	L
L	I	A	A	A	C	J	A	E	F	A	Q	F	O
S	R	P	N	D	S	E	N	E	R	P	E	L	C
E	J	H	T	Y	G	F	T	B	E	M	P	E	U
D	E	I	I	B	G	M	B	V	P	H	I	A	S
I	R	D	S	U	I	Z	N	W	P	C	F	T	T
L	T	A	N	G	F	E	M	T	O	A	W	W	E
U	A	X	G	Ó	R	A	I	C	H	O	O	D	N
E	E	R	B	O	Y	N	K	M	S	R	R	I	R
Q	Q	E	V	C	N	Y	C	O	S	K	M	D	O
K	W	N	N	A	G	F	A	D	A	C	I	C	H
J	S	Q	Y	P	X	Y	L	D	R	O	C	B	X
M	O	S	Q	U	I	T	O	Y	G	C	O	E	M
F	É	I	L	E	A	C	Á	N	W	V	M	N	Q

ANT
APHID
BEE
CIARÓG
FÉILEACÁN
CICADA
COCKROACH
DRAGONFLY
FLEA
GNAT
GRASSHOPPER
HORNET
LADYBUG
LARVA
LOCUST
MANTIS
MOSQUITO
TERMITE
BAP
WORM

39 - Astronomy

W	E	S	P	I	L	C	E	N	R	G	W	J	A
X	S	P	J	I	E	T	Í	L	I	A	T	A	S
R	N	Á	M	E	T	E	O	R	O	J	C	Z	T
É	W	S	G	E	A	L	A	C	H	H	R	D	A
A	R	A	N	O	Í	U	H	B	T	L	A	É	R
D	A	I	T	D	E	R	P	L	A	N	E	T	Ó
L	D	R	C	A	V	O	N	R	E	P	U	S	I
A	A	E	W	R	E	C	U	N	A	H	M	O	D
N	Í	Ó	A	T	D	K	J	T	D	S	C	M	E
N	O	Í	A	L	O	E	T	L	A	É	R	S	A
H	C	D	G	A	U	T	Z	S	O	O	N	O	C
U	H	X	W	É	L	B	A	K	L	E	A	C	H
Q	T	U	G	R	A	C	E	Y	W	R	T	W	F
E	Q	U	I	N	O	X	D	N	H	D	R	S	Z

ASTARÓIDEACH
SPÁSAIRE
RÉALTEOLAÍ
RÉALTBHUÍON
COSMOS
DOMHAN
ECLIPSE
EQUINOX
RÉALTRA
METEOR
GEALACH
NEBULA
RÉADLANN
PLANET
RADAÍOCHT
ROCKET
SATAILÍTE
SKY
SUPERNOVA

40 - Health and Wellness #2

T	J	Ó	F	D	N	Í	M	I	T	I	V	S	Q
M	E	Á	C	H	A	N	R	A	L	A	G	T	S
F	U	I	N	N	E	A	M	H	S	F	U	R	A
A	I	S	T	E	B	I	A	M	Y	S	L	U	H
B	P	C	F	B	A	B	F	A	X	G	A	S	C
M	Ó	U	J	A	S	N	E	N	E	K	J	G	A
Z	Ó	L	B	P	E	F	O	R	Z	Y	Z	O	E
Z	N	N	E	I	R	O	L	A	C	E	I	S	T
A	P	P	E	T	I	T	E	É	O	K	C	P	N
F	A	Z	Y	I	Z	F	G	T	P	Ú	O	I	I
A	N	A	T	A	M	A	Í	O	C	H	T	D	Á
S	L	Á	I	N	T	I	Ú	I	L	T	R	É	L
A	I	L	L	É	I	R	G	E	R	O	M	A	S
I	O	N	F	H	A	B	H	T	Ú	C	V	L	X

AILLÉIRGE
ANATAMAÍOCHT
APPETITE
BIA
CALORIE
AISTE BIA
GALAR
FUINNEAMH
SLÁINTIÚIL
OSPIDÉAL
SLÁINTEACHAS
IONFHABHTÚ
MASSAGE
COTHÚ
TÉARNAMH
STRUS
VITIMÍN
MEÁCHAN

41 - Time

B	I	Z	U	Ó	G	N	T	I	N	N	É	T	Ó
U	N	B	Z	N	N	Ó	O	C	G	K	D	A	I
A	N	E	T	Z	Z	I	D	Y	N	V	F	R	Q
D	I	A	G	L	R	M	H	W	A	C	E	É	S
Z	U	H	C	E	Q	É	C	K	R	N	H	I	Y
S	N	E	S	I	O	A	H	U	I	O	O	S	X
P	E	H	C	Í	O	D	A	B	H	F	I	I	C
S	R	A	W	M	M	V	Í	N	T	U	C	M	S
W	I	V	C	O	N	L	N	I	A	I	L	B	H
Z	L	P	F	H	T	G	Ó	D	U	H	O	W	A
J	I	L	I	Ú	T	N	A	I	L	B	G	J	P
X	É	Ó	J	G	T	A	N	A	O	S	E	X	T
B	F	H	C	D	L	K	I	M	G	N	I	L	D
M	E	Á	N	L	A	E	Y	N	L	Ó	L	Á	S

TAR ÉIS
BLIANTÚIL
ROIMH
FÉILIRE
HAOIS
CLOG
LÁ
TODHCHAÍ
NÓIMÉAD
MÍ
MAIDIN
OÍCHE
MEÁN LAE
ANOIS
GO LUATH
INNIU
SEACHTAIN
BLIAIN
INNÉ

42 - Buildings

A	M	B	A	S	Á	I	D	Z	K	B	C	P	A
O	L	L	S	C	O	I	L	Y	O	O	D	I	P
S	L	A	H	C	R	A	N	O	M	K	I	C	U
O	A	A	M	H	A	R	C	L	A	N	N	T	B
L	É	O	V	B	Z	Ú	K	H	I	Á	Á	I	A
L	D	R	T	H	B	T	R	E	D	B	T	Ú	L
M	I	É	A	H	W	A	I	R	I	Á	S	R	L
H	P	A	Y	M	A	C	R	O	A	C	Ó	L	S
A	S	D	Y	X	Ú	R	H	N	T	R	K	A	C
R	O	L	Z	T	Z	S	L	K	S	Y	Y	N	O
G	Ó	A	F	E	N	R	A	A	Q	Ó	E	N	I
A	L	N	Á	S	A	R	Á	E	N	B	R	Ú	L
D	Q	N	G	J	L	L	Z	G	M	N	Ó	V	P
H	I	Y	C	A	I	S	L	E	Á	N	J	M	J

ÁRASÁN
BARN
CÁBÁN
CAISLEÁN
PICTIÚRLANN
AMBASÁID
MONARCHA
OSPIDÉAL
BRÚ
ÓSTÁN
SAOTHARLANN
MÚSAEM
RÉADLANN
SCOIL
STAIDIAM
OLLMHARGADH
PUBALL
AMHARCLANN
TÚR
OLLSCOIL

43 - Philanthropy

S	T	H	P	M	D	B	C	C	X	U	D	J	P
R	Í	T	I	N	A	L	N	Y	T	R	Y	R	T
L	T	F	O	F	P	C	I	M	E	B	W	T	H
A	S	F	H	O	O	G	Á	Ó	I	G	E	H	C
B	I	E	S	Ó	I	Ó	L	N	L	B	Y	O	A
O	C	R	O	C	B	S	H	G	T	Í	D	C	L
P	Y	H	G	O	L	U	S	R	I	A	T	S	Ú
C	D	Í	L	E	Í	B	Ú	G	Á	P	C	Y	I
L	Ó	A	C	V	A	U	D	B	Ó	Ú	M	H	H
Á	I	N	O	W	W	D	A	R	M	R	V	D	T
I	Y	A	E	N	I	O	A	D	L	G	X	Z	I
R	J	E	P	S	N	A	E	S	I	M	Y	N	A
O	N	L	A	N	N	A	C	O	I	R	P	S	L
D	O	M	H	A	N	D	A	D	X	O	S	E	F

DÚSHLÁIN
LEANAÍ
POBAL
AIRGEADAS
CISTÍ
FLAITHIÚLACHT
DOMHANDA
SPRIOCANNA
GRÚPAÍ
STAIR
MACÁNTACHT
DAONNA
MISEAN
GÁ
DAOINE
CLÁIR
POIBLÍ
ÓIGE

44 - Gardening

Q	D	B	X	M	W	A	E	R	Á	I	D	E	F
S	Í	O	L	T	A	V	K	I	Q	A	D	C	J
M	S	Y	N	Í	R	I	Ú	M	T	C	X	S	K
I	É	N	B	D	S	I	G	W	T	H	C	I	B
S	A	E	Q	L	S	T	D	X	A	U	I	U	J
B	S	N	N	Á	D	Á	E	M	I	O	C	R	D
B	Ú	B	O	U	Q	U	E	T	S	Q	Ó	X	U
H	R	O	R	C	H	A	R	D	E	T	I	N	I
O	A	H	C	O	Í	H	T	H	M	I	O	C	L
S	C	D	U	I	L	L	E	H	U	W	I	B	L
E	H	F	L	O	R	A	L	S	J	C	O	N	I
L	U	I	B	H	E	O	L	A	Í	O	C	H	Ú
I	I	T	Ó	X	B	O	X	O	O	T	V	S	R
B	L	O	S	S	O	M	F	H	N	E	X	E	Y

BLOSSOM
LUIBHEOLAÍOCH
BOUQUET
AERÁIDE
MÚIRÍN
COIMEÁDÁN
DIRT
INITE
COIMHTHÍOCHA
FLORAL
DUILLIÚR
HOSE
DUILLE
TAISE
ORCHARD
SÉASÚRACH
SÍOLTA
ITHIR
UISCE

45 - Herbalism

T	A	R	R	A	G	O	N	X	B	G	I	Z	Ó
C	Y	E	Í	A	D	N	A	L	P	A	L	C	X
B	L	Á	T	H	M	O	P	F	J	R	S	A	M
T	E	O	N	C	A	R	F	E	G	V	P	I	S
A	N	R	I	A	R	F	C	H	I	Ó	Z	U	L
I	N	E	M	T	J	F	N	Í	D	R	I	A	G
R	E	G	L	A	O	A	Q	Z	V	Ó	S	C	O
B	F	A	G	M	R	S	Ó	Z	E	V	A	I	E
H	A	N	B	A	A	Q	J	U	W	Z	L	W	L
E	O	O	G	R	M	Y	O	K	V	T	B	F	R
A	G	B	W	A	L	A	V	E	N	D	E	R	I
C	C	Ó	C	A	I	R	E	A	C	H	T	A	A
H	C	O	M	H	Á	B	H	A	R	R	X	V	G
T	Q	B	V	L	I	R	O	S	E	M	A	R	Y

ARAMATACHA
BASIL
TAIRBHEACH
CÓCAIREACHTA
FENNEL
BLAS
BLÁTH
GAIRDÍN
GAIRLEOG
GLAS
COMHÁBHAR
LAVENDER
MARJORAM
MINT
OREGANO
PEIRSIL
PLANDAÍ
ROSEMARY
SAFFRON
TARRAGON

46 - Vehicles

S	B	G	T	E	K	C	O	R	E	R	D	N	F
M	C	Á	A	U	N	E	I	T	L	E	Á	N	O
R	Ó	O	D	K	J	I	Y	Ó	H	D	M	I	B
R	W	C	O	Y	E	F	R	Q	W	E	X	O	H
A	K	A	J	T	B	Z	R	A	T	Ó	M	B	E
H	H	R	L	X	E	Z	E	J	M	N	A	T	A
C	W	R	X	R	B	R	F	B	J	B	L	A	L
R	O	T	H	A	R	O	D	U	V	V	U	C	A
A	K	G	N	O	G	L	I	S	A	Ó	F	S	C
H	É	I	L	E	A	C	A	P	T	A	R	A	H
T	O	N	O	K	N	Á	H	B	R	A	C	Í	R
O	B	D	N	C	U	O	L	L	A	E	N	N	I
T	A	R	R	A	C	Ó	I	R	F	G	R	Q	F
T	R	U	C	K	A	L	M	E	T	C	Y	P	Z

EITLEÁN
OTHARCHARR
ROTHAR
BÁD
BUS
CARR
CARBHÁN
INNEALL
FERRY
HÉILEACAPTAR
MÓTAR
RAFT
ROCKET
SCOOTER
SUBMARINE
FOBHEALACH
TACSAÍ
BOINN
TARRACÓIR
TRUCK

47 - Flowers

P	L	U	M	E	R	I	A	C	D	U	V	G	G
X	Y	P	E	O	N	Y	V	F	A	Z	Q	Y	Y
P	E	T	A	L	B	S	E	N	I	M	S	A	J
L	I	L	A	C	Y	S	U	C	S	I	B	I	H
P	K	Ó	H	G	V	C	G	N	Y	L	I	L	C
D	O	D	Z	G	A	I	L	O	N	G	A	M	A
P	O	P	R	E	P	R	G	I	B	B	L	L	L
B	Ó	K	P	U	C	I	D	L	K	J	R	A	E
A	O	H	L	Y	C	A	R	E	N	G	N	V	N
Z	H	U	L	E	M	M	I	D	N	H	C	E	D
M	L	P	Q	J	U	A	O	N	W	I	R	N	U
O	L	Q	H	U	M	E	L	A	I	N	A	D	L
O	M	T	R	V	E	S	L	D	W	V	P	E	A
N	D	Q	T	N	B	T	Ú	L	X	Ó	S	R	S

BOUQUET
CALENDULA
SEAMAIR
DAISY
DANDELION
GARDENIA
HIBISCUS
JASMINE
LAVENDER
LILAC
LILY
MAGNOLIA
ÚLLOIRD
PEONY
PETAL
PLUMERIA
POPPY

48 - Health and Wellness #1

O	H	C	S	A	E	R	Í	V	T	C	X	C	R
O	C	O	R	A	H	I	S	H	E	M	M	Ó	E
O	I	R	R	A	H	É	E	B	I	Z	W	I	F
Y	N	A	A	M	I	T	V	U	R	B	A	R	L
D	I	L	D	S	Ó	C	R	H	I	R	I	E	E
O	L	A	O	Ó	X	I	E	C	P	T	R	Á	X
C	C	Z	G	N	J	A	N	A	E	U	D	I	L
H	E	T	S	I	R	B	R	H	N	E	E	L	E
T	H	O	P	Á	H	A	H	M	Á	N	C	S	I
Ú	T	C	T	T	F	R	Y	O	K	J	Z	Q	G
I	Í	A	E	A	N	M	U	Í	R	Q	G	B	H
R	C	W	T	M	Y	H	J	N	V	Ó	M	A	E
E	S	N	N	A	L	S	A	G	Ó	C	Z	S	A
O	R	Ó	A	U	X	J	P	E	B	D	E	M	S

GNÍOMHACH
BAICTÉIR
CNÁMHA
CLINIC
DOCHTÚIR
BRISTE
NÓS
AIRDE
HORMÓIN
OCRAS
LEIGHEAS
MATÁIN
NERVES
CÓGASLANN
REFLEX
SCÍTHE
CRAICEANN
TEIRIPE
CÓIREÁIL
VÍREAS

49 - Town

O	F	S	Q	F	S	Ú	C	Á	B	B	I	L	Ó
Z	L	W	O	U	T	P	A	L	X	D	A	U	P
C	J	L	G	D	J	X	Í	Q	I	M	P	N	Ó
N	Á	T	S	Ó	O	R	A	P	F	N	O	E	C
F	P	U	G	C	M	O	R	K	M	L	I	G	A
L	L	M	E	E	O	S	A	E	Z	A	S	C	N
O	S	C	O	I	L	I	E	O	M	R	E	S	M
R	R	A	H	B	A	E	L	A	P	O	I	S	A
I	M	A	S	N	B	A	I	X	L	C	D	D	R
S	N	N	N	A	L	R	A	H	B	A	E	L	G
T	R	O	F	R	E	A	G	Q	B	A	K	I	A
M	Ú	S	A	E	M	A	I	D	I	A	T	S	D
A	M	H	A	R	C	L	A	N	N	Y	A	Y	H
P	I	C	T	I	Ú	R	L	A	N	N	Q	F	P

AERFORT
BÁCÚS
BANC
SIOPA LEABHAR
PICTIÚRLANN
CLINIC
FLORIST
GAILEARAÍ
ÓSTÁN
LEABHARLANN
AN MARGADH
MÚSAEM
SCOIL
STAIDIAM
SIOPA
AMHARCLANN
OLLSCOIL

50 - Antarctica

E	C	A	O	M	H	N	Ú	U	N	L	M	T	R
X	V	M	C	X	T	Ó	I	I	X	E	Ó	A	R
P	O	I	G	H	E	A	R	S	O	I	R	I	R
E	S	C	Ó	Z	A	Q	S	C	I	T	R	G	O
D	J	O	G	J	M	R	D	E	L	H	O	H	C
I	W	V	B	G	M	W	L	T	E	I	I	D	K
T	P	E	T	E	O	C	H	T	Á	N	N	E	Y
I	J	O	T	Q	B	I	O	M	I	I	N	O	M
O	S	Q	É	I	N	Á	O	K	N	S	A	I	I
N	E	O	L	A	Í	O	C	H	A	G	V	R	A
Q	R	X	C	O	M	H	S	H	A	O	L	C	N
S	C	A	M	A	I	L	L	K	Ó	R	E	G	R
P	E	N	G	U	I	N	S	F	J	G	L	C	A
W	D	O	M	Í	N	I	Ú	O	U	D	D	C	Í

BÁ
ÉIN
SCAMAILL
CAOMHNÚ
MÓR-ROINN
COVE
COMHSHAOL
EXPEDITION
OIGHEAR
OILEÁIN
MÍNIÚ
MIANRAÍ
PENGUINS
LEITHINIS
TAIGHDEOIR
ROCKY
EOLAÍOCH
TEOCHT
UISCE

51 - Human Body

N	N	A	E	C	I	A	R	C	P	Ó	I	S	I
U	S	I	S	L	Á	E	N	I	U	M	N	F	M
U	A	P	V	T	B	Y	Ó	C	J	H	C	T	A
I	W	J	B	I	A	O	F	Z	K	R	H	P	F
R	M	C	N	Ó	Ó	L	W	O	H	Ó	I	W	I
N	Ó	R	S	S	N	Á	A	G	X	D	N	A	N
Í	H	O	O	C	G	M	J	P	Z	C	N	H	G
T	L	Í	C	F	L	H	C	E	A	N	N	M	E
I	G	W	S	A	O	U	H	K	L	Q	X	Á	R
Ú	B	S	H	I	B	D	A	G	L	Ú	I	N	H
R	V	É	I	H	Z	G	R	I	L	M	C	C	P
H	D	I	A	H	G	A	Y	M	S	F	Q	I	G
Ó	G	F	L	L	I	D	T	S	L	E	X	R	O
G	U	A	L	A	I	N	N	Y	Z	D	Y	S	K

RÚITÍN
BIA
CNÁMHA
INCHINN
SMIG
CLUAISE
ELBOW
AGHAIDH
FINGER
LÁMH
CEANN
CROÍ
JAW
GLÚIN
COS
BÉAL
MUINEÁL
SRÓN
GUALAINN
CRAICEANN

52 - Musical Instruments

G	O	F	F	T	R	O	M	B	O	N	E	O	E
V	V	L	U	G	V	C	U	W	O	R	Y	L	M
H	T	T	L	W	X	L	Ó	K	K	G	T	J	O
C	H	I	M	E	S	A	Y	S	M	U	R	V	E
U	A	Ú	W	O	C	R	F	C	E	X	U	Ó	N
G	C	I	A	B	M	I	R	A	M	O	M	Z	O
T	V	L	E	O	J	N	A	B	G	B	P	W	H
C	X	F	X	X	C	E	O	E	Ó	N	A	I	P
D	R	O	I	M	Y	T	Y	N	E	K	O	J	O
C	L	Á	I	R	S	E	A	C	H	N	Y	G	X
T	A	M	B	O	U	R	I	N	E	C	K	A	A
C	N	A	G	U	I	R	L	I	S	Í	X	F	S
A	M	S	C	W	M	A	N	D	O	L	I	N	W
G	I	O	T	Á	R	B	A	S	S	O	O	N	F

BANJO
BASSOON
CELLO
CHIMES
CLARINET
DROIM
FLIÚIT
GONG
GIOTÁR
CLÁIRSEACH
MANDOLIN
MARIMBA
OBOE
CNAGUIRLISÍ
PIANÓ
SAXOPHONE
TAMBOURINE
TROMBONE
TRUMPA

53 - Fruit

U	F	O	D	A	C	O	V	A	Y	I	E	M	M
D	Q	Ó	K	I	X	D	X	I	N	O	M	E	L
Y	R	R	E	B	L	R	O	T	D	K	A	L	N
P	S	C	E	R	Z	M	D	T	A	V	N	O	B
I	K	Ó	R	E	K	E	A	F	D	L	H	N	P
O	U	I	R	O	A	H	C	N	O	Í	F	G	I
R	C	G	W	G	Y	C	I	S	G	F	I	G	N
R	J	T	Ó	I	A	A	H	Z	A	O	D	B	E
A	Z	B	S	N	P	E	C	U	W	Y	Z	A	A
H	B	Z	B	A	A	P	J	H	Ó	U	Y	N	P
K	U	X	E	L	P	P	A	P	E	M	H	A	P
N	E	C	T	A	R	I	N	E	W	R	S	N	L
G	U	A	V	A	X	J	Z	H	W	G	R	A	E
M	V	T	V	Z	C	N	Ó	C	Ó	C	Ó	Y	H

APPLE
AIBREOG
AVOCADO
BANANA
BERRY
CHERRY
CNÓ CÓCÓ
FIG
FÍONCHAOR
GUAVA
KIWI
LEMON
MANGO
MELON
NECTARINE
PAPAYA
PEACH
PIORRA
PINEAPPLE

54 - Engineering

X	I	G	Q	S	J	M	V	J	Ó	C	U	T	D
H	T	E	T	T	L	E	S	E	I	D	M	H	O
D	D	A	J	R	I	A	T	H	B	F	D	C	I
A	U	R	R	U	Á	I	H	O	R	S	I	A	M
E	K	S	Í	C	G	S	C	V	M	A	Á	E	H
L	V	W	O	H	Ó	Í	O	L	D	H	R	L	N
I	R	G	M	T	T	N	Í	U	E	M	A	D	E
Á	N	C	H	Ú	R	R	A	A	K	O	É	S	A
D	N	N	H	R	A	H	S	M	Y	T	L	V	C
Q	I	T	E	I	E	Q	H	H	R	S	C	J	H
Z	L	S	M	A	N	I	B	Á	Q	A	Y	Z	T
Y	L	E	I	S	L	U	O	I	Y	R	T	J	O
S	I	Ó	E	W	D	L	C	N	N	T	J	Ó	A
Ó	U	F	U	I	N	N	E	A	M	H	O	Q	M

UILLINN
AIS
RÍOMH
TÓGÁIL
DOIMHNEACHT
LÉARÁID
TRASTOMHAS
DIESEL
DÁILEADH
FUINNEAMH
INNEALL
GEARS
LUAMHÁIN
LEACHT
MEAISÍN
TOMHAS
MÓTAR
COBHSAÍOCHT
NEART
STRUCHTÚR

55 - Kitchen

D	N	V	S	V	A	L	H	C	M	O	E	O	S
Í	A	R	S	O	Í	P	S	U	A	I	B	I	P
U	P	R	K	B	G	Y	E	I	K	D	Z	G	Ú
K	K	E	C	W	T	Y	R	S	X	E	Y	H	N
O	I	O	I	S	Ó	U	M	N	O	A	H	E	Ó
G	N	I	T	Y	F	O	G	E	L	S	Ó	A	G
T	N	T	S	R	E	L	W	O	B	A	Y	N	A
C	X	E	P	F	Y	N	Q	I	Z	N	D	N	L
U	J	O	O	G	O	N	Ú	R	P	A	N	L	A
P	Ó	I	H	F	D	R	C	A	T	E	D	L	E
Á	P	R	C	S	J	Ó	K	J	T	C	B	I	T
I	K	E	S	N	I	Ú	P	S	G	S	G	R	I
N	Í	C	S	I	Ú	R	C	L	S	V	I	G	C
W	E	T	R	B	I	B	J	Ó	G	W	H	X	Ó

NAPRÚN
BOWL
CHOPSTICKS
CUPÁIN
BIA
FORKS
REOITEOIR
GRILL
JAR
CRÚISCÍN
CITEAL
SCEANA
LADLE
NAPKIN
OIGHEANN
OIDEAS
CUISNEOIR
SPÍOSRAÍ
SPÚINSE
SPÚNÓGA

56 - Government

Z	D	D	Ú	S	I	B	H	I	A	L	T	A	C
X	S	X	T	Á	T	S	T	T	V	H	W	J	P
U	D	A	N	G	H	Ó	G	Y	P	F	Y	T	E
P	L	T	O	N	Ó	V	V	Z	K	Z	Ó	H	C
O	Í	N	A	I	D	U	X	W	P	B	S	C	Y
L	T	Á	S	G	R	Ú	C	E	A	R	T	A	S
A	H	H	A	O	S	S	I	S	A	Y	Ó	E	N
I	I	C	E	T	R	W	E	C	B	X	R	R	Á
T	Ú	O	L	E	A	D	E	R	H	W	Á	N	I
Í	I	Í	L	D	X	Y	U	Z	W	E	I	U	S
X	L	S	S	I	O	M	B	A	I	L	D	B	I
B	R	E	I	T	H	I	Ú	N	A	C	H	P	Ú
D	E	M	O	C	R	A	C	A	C	H	T	L	N
C	O	M	H	I	O	N	A	N	N	A	S	É	R

SIBHIALTA
BUNREACHT
DEMOCRACACHT
PLÉ
EASAONTÚ
DÚICHE
COMHIONANNAS
BREITHIÚNACH
CEARTAS
DLÍ
LEADER
DLÍTHIÚIL
SAOIRSE
NÁISIÚN
SÍOCHÁNTA
POLAITÍ
ÓRÁID
STÁT
SIOMBAIL

57 - Art Supplies

K	Q	H	W	B	H	C	A	L	A	U	G	O	H
S	H	C	A	E	L	R	I	O	A	H	T	A	C
J	M	O	W	E	Y	É	F	P	T	C	O	B	P
A	R	A	M	A	E	C	B	Á	Z	Ú	P	A	É
N	Á	S	O	I	R	C	S	I	E	D	U	U	I
L	C	U	U	I	Y	W	V	P	D	N	L	C	N
H	I	S	X	I	N	Q	V	É	G	Z	X	S	T
E	A	S	E	L	S	T	O	A	L	B	W	D	E
C	R	I	Á	I	N	C	E	R	I	S	F	U	A
E	E	B	O	L	A	J	E	I	Ú	U	N	S	N
T	Á	B	L	A	N	N	A	H	T	A	D	M	N
A	I	C	R	I	L	E	A	C	H	L	Ó	E	A
P	P	G	Y	U	O	U	X	D	Q	Q	Z	R	R
W	U	S	P	A	S	T	A	I	L	B	H	W	S

AICRILEACH
SCUABA
CEAMARA
CATHAOIRLEACH
GUALACH
CRÉ
DATHANNA
CRIÁIN
EASEL
SCRIOSÁN
GLIÚ
SMAOINTE
DÚCH
OLA
PÉINTEANNA
PÁIPÉAR
PASTAIL
TÁBLA
UISCE

58 - Science Fiction

B	E	N	I	Á	E	T	I	Ó	D	U	R	I	R
D	O	Ó	A	L	E	J	G	X	C	W	É	O	É
M	A	X	S	R	L	D	Y	D	N	C	A	N	A
D	O	M	H	A	N	U	P	K	D	K	L	T	L
O	R	A	C	L	E	V	S	L	Z	V	T	A	A
A	D	A	M	H	A	C	H	I	A	P	R	C	Í
B	O	I	J	G	A	O	X	J	O	N	A	H	O
U	T	O	P	I	A	D	R	M	I	N	E	C	C
R	I	A	H	B	A	E	L	R	V	N	Z	T	H
J	O	F	U	T	U	R	I	S	T	I	C	J	G
Z	D	B	M	I	S	T	É	I	R	E	A	C	H
S	J	F	O	P	L	É	A	S	C	A	D	H	T
Y	J	I	Z	T	Ú	R	S	C	É	A	L	T	A
A	I	P	O	T	S	Y	D	Ó	Z	Z	P	V	Y

ADAMHACH
LEABHAIR
DYSTOPIA
PLÉASCADH
IONTACH
DÓITEÁIN
FUTURISTIC
RÉALTRA
ILLUSION
MISTÉIREACH
ÚRSCÉALTA
ORACLE
PLANET
RÉALAÍOCH
ROBOTS
UTOPIA
DOMHAN

59 - Geometry

G	D	Z	X	Y	C	I	R	I	O	E	T	G	T
N	L	A	C	R	O	I	C	V	B	D	H	N	R
T	L	Ó	A	D	M	C	U	A	R	R	C	É	A
A	Í	V	W	W	H	H	I	L	T	I	A	S	S
T	O	G	E	R	T	Q	V	H	X	A	N	B	T
B	N	O	N	H	H	A	P	C	G	H	Á	W	O
N	Á	E	H	M	R	I	A	M	U	I	M	X	M
O	T	L	O	A	E	F	R	O	I	K	O	U	H
I	N	H	Ó	L	O	R	Í	R	L	Y	R	L	A
C	A	G	N	A	M	E	O	D	L	E	H	S	S
R	I	I	Z	E	H	A	M	Ó	I	F	T	H	P
B	R	E	J	R	A	N	H	Y	N	S	O	B	N
Z	T	D	Z	T	R	N	W	U	N	Ó	C	V	G
S	I	M	É	A	D	R	A	C	H	T	H	P	K

UILLINN
RÍOMH
CIORCAL
CUAR
TRASTOMHAS
GNÉ
TREALAMH
AIRDE
COTHROMÁNACH
LOIGHIC
AIFREANN
AIRMHEÁN
LÍON
COMHTHREOMHAR
CION
DEIGHLEOG
DROMCHLA
SIMÉADRACHT
TEOIRIC
TRIANTÁN

60 - Creativity

I	B	H	E	O	C	H	T	Á	Y	D	Z	T	S
N	P	G	C	G	O	D	A	T	H	R	Ú	H	P
T	M	P	Y	I	E	O	N	H	C	M	P	C	O
U	F	Y	T	L	N	Z	N	C	A	I	O	O	N
I	L	É	I	R	I	Ú	A	A	E	N	D	Í	T
T	X	P	D	S	É	C	E	L	H	S	R	A	Á
I	X	R	I	O	D	V	S	Ú	T	P	Á	L	I
O	A	M	U	O	Q	L	Í	T	G	I	M	H	N
N	Y	H	L	O	I	X	F	N	R	O	A	M	E
A	T	E	F	W	A	D	Y	Á	I	R	T	A	A
E	A	L	A	Í	N	E	A	R	A	Á	Ú	S	C
S	M	A	O	I	N	T	E	A	X	I	I	A	H
T	U	I	S	C	I	N	T	B	Z	D	L	U	G
S	O	I	L	É	I	R	E	A	C	H	T	D	Ó

EALAÍNE
BARÁNTÚLACHT
ATHRÚ
SOILÉIREACHT
DRÁMATÚIL
LÉIRIÚ
FLUIDITY
SMAOINTE
ÍOMHÁ
SAMHLAÍOCHT
TUISCINT
INSPIORÁID
DÉINE
INTUITION
AIRGTHEACH
SCIL
SPONTÁINEACH
FÍSEANNA
BHEOCHT

61 - Airplanes

H	Ú	J	Q	L	I	T	R	E	O	P	W	X	Ó
D	I	I	C	Q	V	Z	I	Y	W	K	N	I	A
E	R	D	X	W	Q	I	B	K	B	O	F	N	Q
A	C	Í	R	I	É	N	I	S	I	A	P	N	T
R	I	P	A	I	T	A	L	A	M	H	U	J	A
A	N	Í	É	I	G	B	R	E	O	S	L	A	E
D	N	O	F	S	R	I	L	U	J	B	V	U	R
H	E	L	S	T	L	D	N	G	B	O	W	A	K
Y	A	Ó	I	A	I	I	E	B	A	L	Ú	N	I
X	L	T	A	I	Á	Ó	Á	D	A	S	W	F	R
N	L	A	M	R	G	S	F	I	U	A	H	Y	S
P	J	C	T	I	Ó	V	T	B	N	V	N	A	K
H	A	H	A	B	T	S	L	I	O	C	H	T	H
E	A	C	H	T	R	A	Í	O	C	H	T	A	H

EACHTRAÍOCHTA
AER
ATMAISFÉAR
BALÚN
TÓGÁIL
CRIÚ
SLIOCHT
DEARADH
TREO
INNEALL
BREOSLA
AIRDE
STAIR
HIDRIGIN
TALAMH
PAISINÉIRÍ
PÍOLÓTACH
LIÁIN
SKY

62 - Ocean

E	M	G	F	S	D	E	I	L	F	T	E	P	B
T	L	O	C	W	P	G	Q	Y	P	U	P	D	P
N	Q	G	M	I	O	Ú	Z	G	U	R	W	O	Y
N	Í	N	N	I	U	T	I	N	B	T	Z	I	E
I	A	S	C	S	A	M	N	N	A	L	A	S	X
A	G	K	U	U	H	T	T	I	S	E	N	R	G
M	L	E	B	P	G	R	Q	O	H	E	A	Í	X
A	A	A	C	O	C	Ó	I	R	N	S	Ó	D	R
E	W	S	X	T	H	M	R	M	K	N	R	I	E
F	W	C	X	C	Q	L	E	R	P	Z	T	O	E
Q	L	A	R	O	C	O	L	O	F	R	Z	A	F
S	X	N	G	M	Z	Í	N	T	L	P	A	T	G
A	H	N	Y	K	K	M	L	S	A	L	X	K	L
K	L	Ó	Q	P	O	R	T	Á	N	B	P	E	I

ALGAÍ
CORAL
PORTÁN
DEILF
EASCANN
IASC
OCTOPUS
OISRÍ
REEF
SALANN
FEAMAINN
ROINN
SHRIMP
SPÚINSE
STORM
TAOIDÍ
TUINNÍN
TURTLE
TONNTA
MÍOL MÓR

63 - Force and Gravity

F	M	U	E	S	J	R	U	D	M	B	N	A	X
P	V	X	Y	M	O	C	Q	I	E	Ó	H	I	R
U	I	L	Í	O	C	H	K	N	I	M	C	S	U
M	H	Y	Y	Y	S	R	B	I	C	F	T	T	M
C	Ó	F	I	S	I	C	P	M	N	A	N	I	A
K	N	I	O	R	B	I	T	I	I	D	I	O	I
V	A	P	M	S	U	Y	N	C	C	I	C	N	G
D	H	Q	L	I	U	P	V	I	K	O	S	C	H
P	C	E	Ó	Á	N	S	A	Ú	O	N	I	H	N
G	Á	D	C	I	I	T	D	L	P	A	R	A	É
A	E	Q	V	E	B	N	E	A	V	D	I	R	A
D	M	B	R	Ú	D	U	É	A	L	U	A	S	D
A	I	R	Í	O	N	N	A	I	M	U	T	U	A
O	P	L	E	A	T	H	N	Ú	D	I	É	M	S

AIS
IONAD
FAD
DINIMICIÚLA
LEATHNÚ
TIONCHAR
MAIGHNÉADAS
MÉID
MEICNIC
MÓIMINTEAM
TAIRISCINT
ORBIT
FISIC
PLÁINÉID
BRÚ
AIRÍONNA
LUAS
AM
UILÍOCH
MEÁCHAN

64 - Birds

T	U	Z	S	C	F	L	G	K	H	C	A	U	C
U	J	G	T	O	D	O	V	E	B	E	I	J	D
F	B	T	O	R	R	A	P	P	U	A	R	B	Q
A	E	N	R	S	A	E	K	E	I	C	D	O	I
S	F	A	K	P	P	A	V	N	A	U	Ó	A	N
P	L	C	L	H	E	G	R	G	O	J	V	B	N
A	A	I	I	A	A	L	S	U	S	P	O	K	R
R	M	L	Á	E	C	E	H	I	A	I	H	J	S
R	I	E	N	C	O	N	F	N	G	H	C	Z	R
O	N	P	A	X	C	X	L	Q	É	F	I	Í	R
W	G	W	C	K	K	C	U	D	R	S	R	M	N
O	O	T	O	U	C	A	N	V	G	E	T	B	I
R	J	Y	U	C	O	G	Q	B	T	H	S	I	C
C	Q	E	Y	N	D	J	A	O	D	W	O	R	M

CANÁIL
SICÍN
CROW
CUACH
DOVE
DUCK
EAGLE
UBH
FLAMINGO
GÉ
HERON
OSTRICH
PARROT
PEACOCK
PELICAN
PENGUIN
SPARROW
STORK
EALA
TOUCAN

65 - Nutrition

C	A	P	P	E	T	I	T	E	P	L	A	W	N
T	O	C	O	T	H	R	O	M	R	E	I	V	O
O	C	T	G	S	F	W	B	B	Ó	A	S	Z	T
C	O	K	H	K	I	T	B	Ó	I	C	T	Ó	D
S	I	Á	S	A	L	B	M	O	T	H	E	C	S
A	P	E	T	N	I	Á	L	S	É	T	B	A	E
I	E	L	A	N	Ú	T	T	N	I	A	I	L	A
N	A	Í	V	A	I	V	H	L	N	N	A	O	R
F	D	D	A	S	T	A	I	E	Í	N	I	R	B
W	H	Y	D	Ó	N	L	N	T	A	A	A	I	H
V	E	T	I	N	I	X	H	L	I	C	U	E	F
Q	N	A	H	C	Á	E	M	C	A	M	H	S	R
T	H	C	O	Í	L	I	Á	C	V	N	Í	P	K
B	I	W	A	S	S	K	I	W	M	B	N	N	V

APPETITE
COTHROM
SEARBH
CALORIES
AISTE BIA
DÍLEÁ
INITE
COIPEADH
BLAS
NÓSANNA
SLÁINTE
SLÁINTIÚIL
LEACHTANNA
COTHAITHEACH
PRÓITÉINÍ
CÁILÍOCHT
ANLANN
TOCSAIN
VITIMÍN
MEÁCHAN

66 - Hiking

G	H	Z	K	Ó	C	U	U	W	V	W	T	Ó	L
Y	U	C	C	Y	L	L	I	A	K	I	W	G	W
T	C	A	L	P	E	T	O	S	L	L	C	Q	H
R	S	Ó	I	Í	P	G	H	C	C	D	J	H	H
E	V	A	Á	S	J	H	G	N	H	E	S	F	A
O	A	I	P	I	E	C	P	P	Z	A	C	P	N
R	G	N	M	A	D	A	J	J	A	I	K	Q	N
A	S	M	A	T	I	E	C	E	V	Y	T	Ó	A
C	U	H	C	A	Á	S	Ú	H	M	L	L	U	E
H	N	I	T	U	R	R	S	B	A	R	C	P	C
A	J	T	R	B	E	I	D	A	N	Á	D	Ú	R
C	Y	H	O	O	A	U	O	I	G	K	W	J	I
C	U	E	M	M	C	T	J	L	B	G	U	H	Á
U	Ó	O	Z	L	I	Á	C	S	R	A	É	L	P

AINMHITHE
BUATAISÍ
CAMPÁIL
AILL
AERÁIDE
TREORACHA
GUAISEACHA
TROM
LÉARSCÁIL
SLIABH
NÁDÚR
PÁIRCEANNA
ULLMHÚ
CLOCHA
SUN
TUIRSEACH
UISCE
WILD

67 - Professions #1

C	K	P	J	E	W	E	L	E	R	A	W	C	G
A	J	L	D	L	Í	O	D	Ó	I	R	P	E	R
R	Ó	U	T	R	É	I	D	L	I	A	P	O	D
T	R	I	Ó	T	L	O	E	S	N	U	S	L	A
O	U	M	B	A	I	N	C	É	I	R	V	T	L
G	H	É	G	E	O	L	A	Í	T	A	K	Ó	T
R	Í	I	W	D	M	R	I	O	E	C	N	I	R
A	A	R	P	I	A	N	Ó	D	Ó	I	R	R	A
P	L	T	E	A	M	B	A	S	A	D	Ó	I	R
H	O	O	U	T	M	D	O	C	H	T	Ú	I	R
E	E	U	P	R	N	C	Ó	I	S	T	E	B	S
R	C	M	I	U	N	U	O	W	G	K	I	M	B
C	Í	R	P	K	M	A	H	E	Ó	I	I	N	O
J	S	E	Í	A	L	O	E	T	L	A	É	R	P

AMBASADÓIR
RÉALTEOLAÍ
ATURNAE
BAINCÉIR
CARTOGRAPHER
CÓISTE
RINCEOIR
DOCHTÚIR
GEOLAÍ
HUNTER
JEWELER
DLÍODÓIR
CEOLTÓIR
ALTRA
PIANÓDÓIR
PLUIMÉIR
SÍCEOLAÍ
SEOLTÓIR
TRÉIDLIA

68 - Barbecues

O	R	F	S	F	T	T	E	E	K	W	S	T	P
V	F	W	A	S	O	O	C	R	A	S	C	E	V
H	Q	N	M	Í	A	R	S	A	L	G	E	X	C
R	V	F	H	W	M	S	K	Q	A	D	A	R	T
Z	M	G	R	A	H	C	Z	S	D	O	N	Ó	L
B	R	Í	A	T	Á	R	T	Y	L	R	A	C	A
L	I	C	D	I	É	L	I	A	S	O	R	D	Ó
E	Í	A	H	T	R	O	T	A	N	L	A	N	N
A	H	G	I	A	L	H	G	A	E	T	É	Í	N
N	C	G	G	J	Y	T	Z	C	K	Y	N	C	A
A	I	R	M	B	S	I	P	C	I	N	N	I	L
Í	U	I	H	E	W	L	Z	X	E	C	I	S	A
U	L	L	W	V	S	R	C	S	Q	O	D	P	S
Y	C	L	B	J	L	T	V	V	P	Q	L	L	L

SICÍN
LEANAÍ
DINNÉAR
TEAGHLAIGH
BIA
FORKS
TORTHAÍ
CLUICHÍ
GRILL
TE
OCRAS
SCEANA
LÓN
CEOL
SAILÉID
SALANN
ANLANN
SAMHRADH
TRÁTAÍ
GLASRAÍ

69 - Vegetables

O	B	E	Z	A	C	O	P	E	A	V	C	P	P
I	R	S	M	A	Ó	E	C	V	V	D	Ú	S	S
N	O	A	R	N	I	K	P	M	U	P	C	A	U
N	C	S	E	E	L	O	R	D	I	O	A	I	Y
I	A	O	G	T	I	H	Í	A	N	U	M	L	P
Ú	I	I	N	N	S	C	A	L	I	N	A	É	P
N	L	L	I	A	T	I	T	N	Q	D	R	A	E
Á	Í	I	G	L	O	T	Á	X	R	P	I	D	I
C	S	R	O	P	R	R	R	N	U	P	X	S	R
A	S	E	C	G	N	A	T	O	O	W	M	S	S
E	A	C	W	G	A	D	A	É	R	I	A	C	I
B	K	Ó	C	E	P	Z	I	A	Ó	D	P	N	L
F	U	U	W	D	A	T	O	L	L	A	H	S	C
G	A	I	R	L	E	O	G	T	F	A	K	Q	T

ARTICHOKE
BROCAILÍ
CAIRÉAD
CÓILIS
SOILIRE
CÚCAMAR
EGGPLANT
GAIRLEOG
GINGER
BEACÁN
OINNIÚN
PEIRSIL
PEA
PUMPKIN
RAIDIS
SAILÉAD
SHALLOT
SPIONÁISTE
TRÁTAÍ
TORNAPA

70 - The Media

T	A	D	I	G	I	T	E	A	C	H	Ó	X	I
E	R	Í	L	B	I	O	P	Z	V	M	M	D	N
A	Q	Á	A	S	Í	O	M	H	Á	N	N	A	T
G	N	Y	C	A	R	N	O	Í	L	B	T	R	L
R	Ó	O	S	H	M	H	L	O	E	Ó	D	J	E
Á	L	H	N	C	T	M	A	O	I	N	I	Ú	A
N	X	B	O	A	F	Á	A	C	P	T	Á	R	C
F	W	C	I	E	J	R	L	S	A	U	S	A	H
A	Ó	I	T	D	P	C	I	A	R	A	R	I	T
H	O	G	O	I	Y	I	Ú	G	L	I	A	D	M
F	T	N	R	O	I	Y	I	R	Í	R	M	I	Q
Q	E	V	A	A	S	B	T	Ó	N	I	U	Ó	Ó
E	X	R	Ó	I	Í	C	I	B	E	M	C	K	O
D	T	Í	S	I	R	I	Á	F	Í	R	I	C	Í

FÓGRAÍ
TRÁCHTÁLA
CUMARSÁID
DIGITEACH
EAGRÁN
OIDEACHAS
FÍRICÍ
MAOINIÚ
ÍOMHÁNNA
AONAIR
TIONSCAL
INTLEACHT
ÁITIÚIL
IRISÍ
LÍONRA
AR LÍNE
TUAIRIM
POIBLÍ
RAIDIÓ

71 - Boats

S	E	O	L	T	Ó	I	R	S	E	E	Q	B	A
U	D	E	F	F	Ó	V	M	N	O	G	X	A	A
Ú	I	R	C	A	O	U	H	A	N	I	K	O	C
T	T	I	G	R	P	Ó	Ó	U	A	A	E	I	D
A	É	Q	F	F	C	L	Y	T	C	R	R	H	B
O	N	A	É	G	I	A	J	I	Q	R	I	C	O
B	L	O	D	I	I	V	B	C	A	A	A	O	Y
L	A	B	H	A	I	N	N	A	H	F	C	L	I
I	K	D	M	M	N	E	S	L	F	D	N	E	N
A	T	R	A	M	B	C	J	S	E	B	A	O	N
S	G	S	U	J	P	C	U	O	R	M	J	C	E
M	B	E	L	D	U	G	A	W	R	L	L	U	A
W	D	K	N	I	X	O	O	Z	Y	M	D	U	L
T	Z	O	V	I	C	I	C	K	X	F	M	I	L

ANCAIRE
BAOI
CANOE
CRIÚ
DUGA
INNEALL
FERRY
CADHC
LOCH
CRANN
NAUTICAL
AIGÉAN
RAFT
ABHAINN
TÉAD
SAILBOAT
SEOLTÓIR
FARRAIGE
TIDE
LUAMH

72 - Driving

T	R	I	Ú	T	N	O	C	C	F	V	X	S	I
I	C	O	S	C	Á	I	N	T	A	T	Q	Á	V
O	H	B	A	Á	D	C	V	R	V	R	W	B	G
M	M	L	U	H	G	S	G	U	N	A	R	H	L
Á	N	I	L	A	M	B	C	C	P	T	X	Á	U
N	N	Á	L	L	O	T	I	K	T	Ó	Ó	I	A
A	P	C	E	A	D	Ú	N	A	S	M	C	L	I
Í	Ó	S	F	O	L	B	Ó	T	H	A	R	T	S
X	I	R	C	E	T	S	I	Á	R	A	G	E	R
V	L	A	G	P	C	A	O	Z	X	B	D	A	O
R	Í	É	U	G	N	T	J	E	B	Ó	M	C	T
C	N	L	T	S	T	H	C	Á	R	T	Ó	H	H
M	Í	T	I	M	P	I	S	T	E	B	F	T	A
C	O	I	S	I	T	H	E	G	L	U	S	Z	R

TIMPISTE
COSCÁIN
CARR
CONTÚIRT
TIOMÁNAÍ
BREOSLA
GARÁISTE
GÁS
CEADÚNAS
LÉARSCÁIL
MÓTAR
GLUAISROTHAR
COISITHE
PÓILÍNÍ
BÓTHAR
SÁBHÁILTEACHT
LUAS
TRÁCHT
TRUCK
TOLLÁN

73 - Professions #2

L	T	E	A	N	G	E	O	L	A	Í	Q	M	B
I	E	K	C	F	E	I	R	M	E	O	I	R	L
R	L	A	I	L	N	I	Á	M	O	Z	W	E	E
I	F	L	B	T	R	I	Ó	G	A	E	R	I	A
Ó	L	R	U	H	C	A	T	Ó	L	O	Í	P	C
L	W	I	I	S	A	J	U	K	S	L	Z	J	H
C	I	H	N	O	T	R	Q	N	D	L	Q	F	T
A	E	X	B	Ó	E	R	L	P	C	O	Ó	C	A
I	V	A	P	R	L	D	A	A	Z	T	L	R	I
F	E	A	L	S	A	M	H	T	N	F	Ó	A	R
I	R	I	S	E	O	I	R	G	O	N	G	D	E
B	I	T	H	E	O	L	A	Í	I	R	A	J	W
Ó	R	I	Ó	D	O	Í	A	R	R	A	G	Í	W
M	Ú	I	N	T	E	O	I	R	O	W	T	H	U

BITHEOLAÍ
FIACLÓIR
BLEACHTAIRE
FEIRMEOIR
GARRAÍODÓIR
ILLUSTRATOR
AIREAGÓIR
IRISEOIR
LEABHARLANNAÍ
TEANGEOLAÍ
FEALSAMH
PÍOLÓTACH
TAIGHDEOIR
MÁINLIA
MÚINTEOIR

74 - Mythology

X	S	E	P	Y	T	E	H	C	R	A	I	L	R
N	E	A	R	T	I	F	I	N	S	C	É	A	L
E	I	T	C	C	N	D	J	U	K	V	Q	T	L
V	T	R	R	R	T	A	Í	R	N	X	Z	R	A
A	I	O	U	E	R	É	W	O	K	Y	G	O	B
E	E	D	T	I	E	T	J	O	L	Y	H	M	Y
H	D	A	H	D	A	M	U	W	L	T	V	A	R
G	C	Í	Ú	I	C	O	V	B	U	P	A	S	I
O	U	O	P	M	H	N	C	K	A	Q	A	S	N
Ó	C	H	A	H	E	S	U	J	N	I	G	S	T
J	O	W	Q	L	T	T	L	I	M	V	S	J	H
Y	Z	C	Ó	Ó	C	E	T	J	W	M	Ó	T	L
I	R	S	X	Y	E	R	Ú	I	W	W	S	X	E
C	R	É	A	T	Ú	R	R	A	P	M	O	I	M

ARCHETYPE
IOMPAR
CREIDIMH
CRUTHÚ
CRÉATÚR
CULTÚR
DEITIES
TUBAISTE
HEAVEN
LAOCH
ÉAD
LABYRINTH
FINSCÉAL
TINTREACH
MONSTER
MORTAL
DÍOLTAS
NEART
TRODAÍ

75 - Hair Types

D	E	C	O	C	X	T	S	I	P	J	Y	D	Q
E	O	D	P	S	R	X	K	W	I	Ó	G	H	X
T	C	U	R	L	Y	P	S	Y	T	R	X	N	X
S	A	Y	F	R	V	G	E	A	R	R	Z	X	P
L	O	N	V	U	A	K	W	Y	D	L	K	O	X
Á	Y	Z	A	C	W	S	B	V	U	F	H	K	O
I	N	N	J	Í	J	G	L	Ó	N	S	Q	L	G
N	B	W	F	R	W	F	O	D	L	I	A	T	H
T	L	O	O	V	Q	A	N	E	N	M	S	U	S
I	D	R	G	W	M	D	D	D	A	I	T	E	C
Ú	U	B	A	L	D	A	I	I	Z	R	B	Á	N
I	B	J	U	V	N	D	T	A	B	I	X	U	Y
L	H	C	A	R	N	O	L	R	R	T	P	O	W
T	I	U	B	H	C	B	P	B	Ó	B	J	K	R

BALD
DUBH
BLOND
BRAIDED
BRAID
BROWN
DAITE
CURLS
CURLY
TIRIM
LIATH
SLÁINTIÚIL
FADA
LONRACH
GEARR
BOG
TIUBH
TANAÍ
WAVY
BÁN

76 - Furniture

H	T	C	B	S	L	B	Y	X	Z	R	L	R	L
A	L	A	M	P	A	E	T	Y	Y	D	S	U	E
M	D	E	Z	H	E	U	A	W	Ó	Ó	J	G	A
M	Z	W	K	B	R	Y	U	B	O	F	F	L	B
O	E	R	L	U	V	N	E	F	A	W	F	I	H
C	R	F	E	N	U	Á	V	O	A	B	M	C	R
K	I	O	D	K	C	H	C	U	O	C	F	Ú	A
C	O	M	F	O	R	T	E	R	S	S	U	I	G
G	M	N	H	J	E	Á	H	P	G	E	T	S	Á
Z	R	W	A	W	S	C	B	C	I	H	O	Í	N
G	A	M	O	I	S	S	I	G	O	L	N	N	Q
G	V	H	P	M	E	K	N	H	Y	T	L	Í	P
D	E	A	S	C	R	F	S	Y	J	E	H	O	F
A	V	U	K	L	D	Z	E	W	O	F	Y	I	W

ARMOIRE
LEABA
BINSE
LEABHRAGÁN
COMFORTERS
COUCH
CÚISÍNÍ
DEASC
DRESSER
FUTON
HAMMOCK
LAMPA
TOCHT
SCÁTHÁN
PILLOW
RUG

77 - Garden

G	F	C	L	V	O	U	R	F	D	T	B	Ó	K
A	W	L	C	E	I	G	Q	Z	C	S	L	B	W
I	I	O	I	Y	G	N	A	J	E	W	H	L	M
R	A	C	M	I	F	T	E	H	S	U	B	Á	P
D	K	H	U	F	É	A	R	A	N	Z	C	T	Q
Í	S	Á	I	A	Q	Q	Ó	M	I	W	D	H	Y
N	W	N	R	G	Z	J	Y	M	B	X	I	C	E
G	C	W	U	E	N	I	L	O	P	M	A	R	T
F	C	A	C	K	F	Á	Z	C	O	S	S	O	S
P	Á	L	R	A	F	D	D	K	U	C	A	P	I
B	H	L	A	R	N	E	P	R	R	A	U	G	Á
H	X	O	N	H	O	S	E	Z	A	A	L	X	R
L	B	A	N	O	R	C	H	A	R	D	S	R	A
I	W	L	F	I	A	I	L	Í	T	E	G	D	G

BINSE
BUSH
FÁL
BLÁTH
GARÁISTE
GAIRDÍN
FÉAR
HAMMOCK
HOSE
LAWN
ORCHARD
LOCHÁN
PORCH
RAKE
SLUASAID
ARDÁN
TRAMPOLINE
CRANN
VINE
FIAILÍ

78 - Diplomacy

I	S	A	T	R	A	E	C	O	M	H	A	R	N
D	O	X	V	J	T	N	I	L	H	M	I	O	C
E	Ó	N	X	J	C	P	M	T	G	O	P	Ó	V
X	H	P	R	Z	O	B	Í	T	I	A	L	O	P
R	I	Ó	D	A	S	A	B	M	A	C	M	H	A
P	R	E	A	H	C	F	P	U	N	E	R	S	L
L	N	S	A	T	L	A	I	R	Á	A	S	Ú	Ú
É	M	M	U	R	A	V	S	J	R	C	L	P	N
Q	A	M	B	A	S	Á	I	D	O	H	Á	O	N
E	J	W	C	H	X	H	G	Q	A	T	N	B	O
V	X	G	B	T	Y	G	W	K	S	R	D	A	A
I	I	B	R	A	D	I	Y	S	I	A	Á	L	D
Z	T	G	J	C	B	P	G	Q	A	C	I	K	B
R	É	I	T	E	A	C	H	T	D	H	L	C	G

AMBASADÓIR
SAORÁNAIGH
CATHARTHA
POBAL
COIMHLINT
COMHAR
PLÉ
AMBASÁID
EITIC
EACHTRACH
RIALTAS
DAONNÚLA
IONRACAS
CEARTAS
POLAITÍ
RÚN
SLÁNDÁIL
RÉITEACH

79 - Countries #1

Z	E	A	E	J	A	A	I	B	I	L	F	Z	C
L	U	D	N	I	P	N	N	W	U	S	V	Q	A
I	N	U	M	S	Y	D	I	I	I	N	F	Ó	O
S	N	M	Z	N	P	H	X	O	O	Y	S	W	U
K	A	A	G	I	Z	Á	Ó	L	R	D	G	W	R
Q	L	C	I	Á	R	A	I	N	A	U	Á	L	G
A	N	R	Ó	M	Á	I	N	N	Ó	W	A	I	W
P	O	A	V	R	P	V	L	I	N	V	N	H	L
A	I	N	Í	A	Q	T	P	I	G	I	É	N	A
N	H	I	T	E	J	I	H	M	W	D	K	H	L
A	F	N	N	H	X	A	I	O	S	R	A	E	L
M	N	D	E	G	N	L	M	A	R	A	C	Ó	W
A	A	I	A	N	A	N	H	J	I	Q	F	D	R
S	U	A	M	A	D	A	N	A	E	C	B	O	N

CEANADA
AN ÉIGIPT
AN FHIONLANN
AN GHEARMÁIN
AN INDIA
AN IARÁIC
IOSRAEL
AN IODÁIL
AN LAITVIA
LIBIA
MARACÓ
AN IORUA
PANAMA
AN RÓMÁIN
AN SPÁINN
VÍTNEAM

80 - Adjectives #1

U	H	C	A	E	T	G	N	I	A	R	R	A	T
S	A	H	C	O	Í	H	T	H	M	I	O	C	R
I	D	I	Z	G	W	H	L	T	O	O	G	T	O
Á	J	K	L	P	I	C	M	A	R	L	G	R	M
C	L	R	Z	L	H	A	Q	N	T	L	H	Y	C
O	I	A	Q	E	M	T	G	A	X	M	C	I	H
M	Ú	D	I	S	W	H	S	Í	G	H	A	O	Ú
H	I	A	G	N	I	C	I	H	P	Ó	R	M	I
I	H	T	X	W	N	A	Q	A	O	R	H	L	S
O	T	N	P	R	I	H	O	W	N	N	B	Á	E
N	I	Á	V	D	O	B	O	F	E	A	A	N	A
A	A	C	J	R	Z	Á	H	D	M	S	C	O	C
N	L	A	H	C	A	T	A	M	A	R	A	H	H
N	F	M	A	L	L	E	A	L	A	Í	N	E	R

IOMLÁN
UAILLMHIANACH
ARAMATACHA
EALAÍNE
TARRAINGTEACH
ÁLAINN
DARK
COIMHTHÍOCHA
FLAITHIÚIL
SHONA
TROM
CABHRACH
MACÁNTA
OLLMHÓR
COMHIONANN
TÁBHACHTACH
TROMCHÚISEACH
MALL
TANAÍ

81 - Rainforest

M	A	R	T	H	A	N	A	I	S	M	C	F	R
Ú	I	R	I	Ó	H	C	H	T	A	A	A	Ó	B
S	C	A	M	A	I	L	L	Z	E	M	O	R	F
D	R	D	Ó	P	X	R	R	A	M	A	M	M	R
D	Ú	C	H	A	S	A	C	H	A	I	H	U	K
Q	D	F	K	L	N	G	L	A	Y	G	N	T	T
A	Á	S	E	D	I	Á	R	E	A	H	Ú	Q	P
D	N	H	G	I	A	I	B	I	A	F	M	A	O
J	T	Y	W	A	T	C	J	Q	L	Y	O	Y	B
F	D	V	Ó	R	C	H	J	U	G	N	Y	N	A
É	X	J	F	G	T	V	I	R	N	M	D	Y	L
Ó	I	G	I	U	E	F	J	D	H	G	V	E	X
T	A	N	L	Q	L	L	V	N	Í	C	L	S	X
T	E	A	R	M	A	N	N	U	X	L	X	E	H

AMFAIBIAIGH
ÉIN
AERÁIDE
SCAMAILL
POBAL
DÚCHASACHA
FEITHIDÍ
JUNGLE
MAMAIGH
MU
NÁDÚR
CAOMHNÚ
TEARMANN
MEAS
ATHCHÓIRIÚ
MARTHANAIS

82 - Technology

S	Y	D	T	A	I	S	P	E	Á	I	N	W	F
E	O	R	I	B	R	A	B	H	S	Á	L	A	Í
T	Ó	N	O	G	B	O	G	E	A	R	R	A	Í
Y	N	U	R	D	I	Y	W	Q	J	F	C	Y	G
B	Á	Q	I	A	B	T	B	G	I	K	Ó	G	N
C	E	T	D	H	Í	M	E	D	H	G	I	A	T
T	L	K	I	M	H	L	R	A	N	N	C	S	C
L	I	Ú	R	O	Í	F	I	A	C	L	Ú	L	E
V	Á	Ó	L	C	J	G	A	L	B	H	R	Á	A
Í	C	T	Í	V	C	J	H	P	Q	D	S	N	M
R	S	Ó	N	W	E	P	M	C	L	T	Ó	D	A
E	C	A	K	E	Q	I	O	W	U	A	I	Á	R
A	A	Q	I	O	F	S	Í	X	S	N	R	I	A
S	D	N	F	X	D	N	R	N	V	N	Ó	L	C

BLAG
BRABHSÁLAÍ
BYTES
CEAMARA
RÍOMHAIRE
CÚRSÓIR
SONRAÍ
DIGITEACH
TAISPEÁIN
COMHAD
CLÓ
IDIRLÍN
TAIGHDE
SCÁILEÁN
SLÁNDÁIL
BOGEARRAÍ
FÍORÚIL
VÍREAS

83 - Landscapes

G	F	P	H	L	B	Q	O	O	O	I	F	L	X
E	A	P	T	C	E	O	R	G	Ó	I	Á	R	T
Y	R	H	P	J	C	I	L	G	L	V	S	S	F
S	R	U	Q	S	N	Ó	T	C	W	K	A	W	S
E	A	A	V	C	X	H	Q	H	Á	F	C	A	L
R	I	I	A	O	A	S	I	S	I	N	H	M	I
J	G	M	L	N	R	A	B	G	P	N	H	P	A
T	E	H	L	C	D	E	L	L	Y	I	I	I	B
O	Y	L	E	Q	N	L	J	A	H	A	S	S	H
H	I	L	Y	O	U	E	P	C	V	H	X	I	C
T	H	L	Ó	N	T	V	U	I	M	B	R	M	O
P	G	R	E	B	E	C	I	E	K	A	G	W	L
N	G	N	S	Á	I	F	Ó	R	D	B	S	S	Y
Q	U	I	V	F	N	A	É	G	I	A	F	V	O

TRÁ
UAIMH
FÁSACH
GEYSER
GLACIER
CNOC
ICEBERG
OILEÁN
LOCH
SLIABH
OASIS
AIGÉAN
LEITHINIS
ABHAINN
FARRAIGE
SWAMP
TUNDRA
VALLEY
BOLCÁN
EAS

84 - Visual Arts

F	D	P	N	P	S	A	S	S	B	Z	P	F	M
Ó	H	E	Ó	R	A	I	C	M	R	L	V	G	B
T	D	A	Ó	F	C	L	A	S	N	O	I	T	S
A	I	N	F	J	A	T	N	N	U	C	M	L	P
G	Á	N	I	P	T	I	N	É	R	C	É	K	C
R	R	R	N	J	D	R	Á	B	Y	A	F	I	Y
A	T	J	A	V	E	E	N	H	F	O	E	J	R
F	R	A	H	T	O	A	H	S	R	Á	S	V	B
J	O	S	X	W	P	C	K	W	B	D	R	H	A
L	P	P	G	X	Y	H	C	A	L	A	U	G	C
K	D	L	I	Á	E	T	N	I	É	P	R	Z	A
C	R	I	A	D	Ó	I	R	E	A	C	H	T	I
P	O	T	A	I	R	E	A	C	H	T	Z	E	L
P	E	A	N	N	L	U	A	I	D	H	E	H	C

AILTIREACHT
CRIADÓIREACHT
CAILC
GUALACH
CRÉ
TACAS
SCANNÁN
SÁRSHAOTHAR
PÉINTEÁIL
PEANN
PEANN LUAIDHE
FÓTAGRAF
PORTRÁID
POTAIREACHT
STIONSAL
VEARNAIS
CÉIR

85 - Plants

F	M	B	B	C	E	N	N	A	R	C	U	P	P
Á	O	C	U	C	A	Á	P	W	Z	Ú	I	N	B
S	S	G	G	S	S	H	T	Á	L	B	I	B	Q
R	S	V	O	Q	H	C	P	L	Ó	M	V	E	W
A	O	V	Q	Ó	K	A	C	E	B	A	Y	R	C
F	L	Ó	R	A	Z	S	X	S	T	B	W	R	A
E	B	K	H	C	O	A	Y	D	T	A	J	Y	C
Y	Y	T	Z	P	L	E	Ó	H	L	E	L	J	T
O	P	B	D	U	I	L	L	I	Ú	R	M	K	U
F	R	É	A	M	H	G	A	I	R	D	Í	N	S
V	G	B	F	É	A	R	W	Ó	I	B	D	J	U
M	K	E	S	Ó	J	V	K	D	N	I	O	N	E
C	O	A	Ó	S	G	F	O	R	A	O	I	S	U
M	U	N	Y	K	S	U	N	W	Q	H	R	U	E

BAMBÚ
BEAN
BERRY
BLOSSOM
BUSH
CACTUS
LEASACHÁN
FLÓRA
BLÁTH
DUILLIÚR
FORAOIS
GAIRDÍN
FÉAR
IVY
MU
PETAL
FRÉAMH
STEM
CRANN
FÁSRA

86 - Boxing

T	G	L	Á	M	H	A	I	N	N	Í	Y	Í	F
W	O	B	L	E	N	C	V	J	Q	N	K	T	Y
T	R	A	E	N	Í	K	B	C	Ú	I	N	N	E
É	T	I	V	R	W	D	O	J	B	M	E	I	Y
A	U	L	O	X	J	C	I	A	R	H	M	O	C
R	I	U	H	E	U	P	R	T	T	V	E	P	T
N	T	R	V	Ó	T	S	H	S	H	Z	Ó	V	R
A	H	C	Y	W	E	I	I	I	C	E	E	O	O
M	E	H	I	A	I	N	É	F	A	P	A	T	D
H	N	O	Í	C	F	F	O	R	L	L	E	B	A
F	Ó	C	A	S	E	L	Ó	B	H	N	U	F	I
I	U	F	P	Q	I	Á	I	X	M	P	V	U	R
L	Ó	X	Ó	C	K	P	I	N	O	I	X	D	E
J	C	T	R	S	C	I	L	L	C	S	M	I	G

BELL
COMHLACHT
SMIG
CÚINNE
ELBOW
ÍDITHE
TRODAIRE
FIST
FÓCAS
LÁMHAINNÍ
GORTUITHE
CICEÁIL
COMHRAIC
POINTÍ
TAPA
TÉARNAMH
RÉITEOIR
RÓPAÍ
SCIL
NEART

87 - Countries #2

N	E	I	P	E	A	L	Q	L	F	O	F	O	U
F	N	D	Í	H	D	I	C	A	V	U	I	Y	B
P	I	Ó	T	E	A	N	A	O	Y	P	I	H	W
T	Á	A	I	C	W	N	T	S	I	Ú	R	I	A
J	B	N	Á	I	V	H	N	Ú	C	R	Á	I	N
A	L	L	H	Á	O	E	C	I	S	C	I	E	M
N	A	I	B	M	O	N	Q	R	G	X	C	V	T
L	N	O	N	A	N	X	S	M	U	É	H	Z	S
I	A	B	P	I	R	N	F	Ó	K	B	I	Z	I
B	J	Á	H	I	U	G	A	N	D	A	P	R	R
É	I	I	P	H	A	C	A	S	T	Á	I	N	I
I	K	N	A	N	G	H	R	É	I	G	R	Z	A
R	U	J	A	N	D	A	N	M	H	A	I	R	G
A	N	T	S	E	A	P	Á	I	N	B	T	H	X

AN ALBÁIN
AN DANMHAIRG
AN AETÓIP
AN GHRÉIG
HÁITÍ
IAMÁICE
AN TSEAPÁIN
LAOS
AN LIOBÁIN
AN LIBÉIR
MEICSICEO
NEIPEAL
AN NIGÉIR
PHACASTÁIN
RÚIS
TSIRIA
UGANDA
ÚCRÁIN

88 - Adjectives #2

O	H	B	R	Ó	D	Ú	I	L	A	S	B	T	C
S	C	J	G	I	N	V	F	B	U	M	A	U	U
L	A	R	T	Á	I	R	G	E	N	N	R	A	M
Á	E	T	A	H	T	R	Ú	D	Á	N	Á	I	A
I	H	I	T	S	C	I	R	V	P	S	N	R	S
N	T	R	N	W	Y	O	Q	P	X	X	T	I	A
T	I	I	Á	I	R	I	D	I	Á	L	Ú	S	C
I	A	M	L	L	X	N	Q	L	S	G	L	C	H
Ú	H	S	A	D	Y	X	C	M	A	T	A	I	C
I	T	D	G	K	N	W	M	I	E	D	E	Ú	M
L	U	C	Á	I	L	I	Ú	L	A	Q	H	I	S
Q	R	S	U	I	M	I	Ú	I	L	G	Q	L	P
F	C	G	O	I	R	T	A	M	H	Á	I	N	P
T	F	A	O	F	R	E	A	G	R	A	C	H	R

BARÁNTÚLA
CRUTHAITHEACH
TUAIRISCIÚIL
TIRIM
GALÁNTA
CÁILIÚLA
CUMASACH
SLÁINTIÚIL
TE
OCRAS
SUIMIÚIL
NÁDÚRTHA
NUA
TÁIRGE
BRÓDÚIL AS
FREAGRACH
GOIRT AMHÁIN
CODLADH
LÁIDIR
WILD

89 - Psychology

C	S	D	L	I	Ú	I	C	I	N	I	L	C	T
L	E	N	B	U	R	O	Y	G	F	I	F	S	I
S	Y	A	K	U	J	M	Ó	X	K	P	K	U	O
M	M	X	P	D	E	P	I	R	I	E	T	O	N
O	R	A	X	A	U	A	Ó	Z	V	B	Q	I	C
T	É	Ó	O	D	C	R	Ó	A	D	X	Ó	C	H
H	A	I	Ó	I	B	H	D	A	F	E	H	S	A
Ú	L	G	U	S	N	F	Á	K	A	Z	G	N	I
C	T	E	N	O	I	T	I	N	G	O	C	O	R
H	A	C	R	N	A	Q	E	V	F	V	D	C	D
Á	C	C	O	I	M	H	L	I	N	T	T	B	F
I	H	E	I	S	P	É	I	R	I	S	G	U	D
N	T	D	E	A	R	C	A	D	H	D	C	S	Q
S	H	O	A	M	E	A	S	Ú	N	Ú	Y	D	L

CEAPACHÁN
MEASÚNÚ
IOMPAR
ÓIGE
CLINICIÚIL
COGNITION
COIMHLINT
EGO
MOTHÚCHÁIN
EISPÉIRIS
TIONCHAIR
DEARCADH
FADHB
RÉALTACHT
SUBCONSCIOUS
TEIRIPE
SMAOINTE

90 - Math

G	Ó	Z	T	H	C	O	Í	R	H	M	I	U	R
N	A	T	Ó	C	É	G	Q	B	N	I	T	M	J
S	H	O	X	A	I	Ó	H	A	U	U	G	H	D
I	N	I	L	L	M	N	K	R	K	S	O	J	G
M	R	R	L	Ú	S	R	F	C	Z	O	E	P	Ó
É	C	T	Q	H	E	A	N	Á	G	A	L	O	P
A	Q	A	H	C	A	E	N	N	I	L	L	I	U
D	I	X	X	A	T	C	O	D	Á	N	I	O	F
R	U	M	D	E	A	H	O	L	U	N	U	A	Ó
A	K	E	L	D	O	F	Ó	Ó	I	N	N	X	R
C	G	O	S	Í	O	W	S	N	Z	F	O	A	Z
H	C	C	B	T	N	Á	T	N	A	I	R	T	R
T	H	M	A	L	A	E	R	T	L	R	D	K	T
U	I	M	H	R	E	A	C	H	A	T	Z	S	R

UILLINNEACHA
UIMHRÍOCHT
IMLÍNE
DEACHÚLACH
RANNÁN
TREALAMH
CODÁN
CÉIMSEATA
UIMHREACHA
POLAGÁN
GA
DRONUILLEOG
CEARNÓG
SUIM
SIMÉADRACHT
TRIANTÁN
TOIRT

91 - Water

H	C	A	E	T	S	I	Á	B	T	E	U	C	N
A	Ó	V	C	N	A	A	E	M	Ó	C	D	L	D
I	N	N	I	A	H	B	A	T	L	Ó	N	I	D
R	T	L	T	É	Z	C	K	Q	J	G	A	L	Ú
I	T	B	H	G	M	H	O	C	P	K	U	A	T
C	X	U	A	I	U	Ó	J	L	G	S	Z	N	A
Í	Z	Y	U	A	F	U	T	S	H	A	M	A	I
N	I	Á	H	C	Ú	I	C	S	I	U	I	C	S
I	Y	X	R	T	U	I	L	E	Q	D	E	L	E
I	S	I	E	S	O	I	G	H	E	A	R	X	E
I	S	Y	D	Q	I	G	E	Y	S	E	R	C	X
N	V	Y	Ó	X	U	O	T	O	N	N	T	A	Z
M	O	N	S	O	O	N	C	W	H	T	I	J	M
J	S	N	E	A	C	H	T	A	G	X	D	Y	A

CANAL
INÓLTA
GALÚ
TUILE
SIOC
GEYSER
TAISE
HAIRICÍN
OIGHEAR
UISCIÚCHÁIN
LOCH
MONSOON
AIGÉAN
BÁISTEACH
ABHAINN
CITH
SNEACHTA
GAILE
TONNTA

92 - Activities

I	P	E	A	L	A	Í	N	J	C	U	T	L	P
F	K	L	S	C	I	L	L	C	E	M	H	E	É
U	V	D	É	Ó	F	P	Q	T	A	C	C	A	I
G	N	G	L	I	A	H	A	H	R	L	A	S	N
Y	O	J	G	X	S	T	T	C	D	U	E	A	T
D	Z	I	J	V	H	I	J	A	A	I	R	N	E
F	F	C	U	M	M	C	Ú	E	Í	C	I	N	Á
F	U	R	H	O	A	A	P	R	O	H	Ó	A	I
U	G	Á	F	M	D	M	U	I	C	Í	D	A	L
Ó	V	M	L	E	N	P	Z	A	H	M	A	É	L
O	W	S	A	A	S	Á	Z	C	T	D	I	Y	U
U	V	O	J	G	Z	I	L	S	X	Ó	R	Ó	Z
F	I	A	C	H	I	L	E	A	Z	Z	C	Z	R
S	C	Í	T	H	E	C	S	I	X	I	J	J	M

EALAÍN
CAMPÁIL
CRIADÓIREACHT
CEARDAÍOCHT
DAMHSA
IASCAIREACHT
CLUICHÍ
FIACH
LEASANNA
MAGIC
PÉINTEÁIL
PLÉISIÚR
PUZZLES
LÉAMH
SCÍTHE
FUÁLA
SCIL

93 - Business

C	R	M	Í	F	S	G	I	X	X	L	F	T	I
Á	R	D	A	É	S	I	U	B	Q	X	R	Y	O
N	S	A	T	R	I	Ó	T	S	O	F	I	L	N
A	O	E	S	A	S	Ú	B	A	R	B	O	A	C
C	R	G	O	P	I	A	D	N	H	G	E	S	A
H	U	R	F	O	V	R	N	Í	W	O	T	C	M
A	G	I	F	I	O	Q	G	T	O	M	S	A	M
D	S	A	T	S	O	C	Ó	E	A	L	I	I	O
B	A	R	D	A	E	G	R	I	A	S	N	N	N
C	U	I	D	E	A	C	H	T	A	D	I	E	A
F	W	P	Ó	T	T	P	X	N	M	Ó	A	M	R
R	Q	B	L	T	T	B	R	M	N	Ó	B	S	C
E	A	C	N	A	M	A	Í	O	C	H	T	Y	H
I	N	F	H	E	I	S	T	Í	O	C	H	T	A

BUISÉAD
CUIDEACHTA
COSTAS
AIRGEADRA
LASCAINE
EACNAMAÍOCHT
FOSTAÍ
FOSTÓIR
MONARCHA
AIRGEADAS
IONCAM
INFHEISTÍOCHT
BAINISTEOIR
MARSANTAS
AIRGEAD
OIFIG
BRABÚS
DÍOL
SIOPA
CÁNACHA

94 - Literature

D	Y	A	E	O	C	C	I	H	F	V	A	S	I
F	K	M	N	S	L	M	F	M	I	Q	N	I	D
D	T	A	P	E	W	Z	Q	U	L	G	A	É	I
U	I	É	J	J	C	E	L	M	E	M	I	N	R
F	D	T	X	V	L	D	E	I	A	N	L	S	P
M	I	R	I	A	U	T	O	H	T	A	Í	I	H
Í	Ú	C	A	H	K	Ó	W	T	A	N	S	A	L
R	L	H	S	Y	K	O	D	I	E	A	S	H	É
P	C	T	O	E	D	Á	N	R	H	L	Í	T	S
Z	N	N	Í	Q	A	Ú	D	A	R	A	H	A	W
Q	O	X	S	N	U	N	X	L	A	Í	T	E	C
F	C	F	R	M	E	A	F	A	R	E	K	B	O
N	K	T	U	L	É	I	R	M	H	E	A	S	Ó
Ú	R	S	C	É	A	L	T	R	A	G	Ó	I	D

ANALAÍ
ANAILÍS
ANECDOTE
ÚDAR
BEATHAISNÉIS
CONCLÚID
LÉIRMHEAS
CUR SÍOS
IDIRPHLÉ
FICSEAN
MEAFAR
ÚRSCÉAL
TUAIRIM
DÁN
FILEATA
RÍM
RITHIM
STÍL
TÉAMA
TRAGÓID

95 - Geography

D	O	M	H	A	N	V	A	Z	A	A	M	T	Z
R	É	I	G	I	Ú	N	I	C	B	I	E	H	V
Z	G	S	R	G	M	Z	R	A	H	G	R	E	D
P	F	E	A	T	T	S	D	T	A	É	I	A	D
O	Ó	Y	É	L	I	L	E	H	I	A	D	S	I
W	E	J	F	I	T	I	J	R	N	N	I	U	W
X	I	R	S	Á	E	A	X	A	N	Á	A	O	Q
L	Y	T	H	C	G	B	Y	C	G	E	N	L	G
R	Ó	D	T	S	I	H	Z	H	H	L	Z	J	E
P	A	B	A	R	A	H	T	R	A	I	T	N	A
I	N	G	E	A	R	C	H	L	Ó	O	V	Z	B
H	N	H	L	É	R	Í	T	H	U	A	I	D	H
B	Y	O	C	L	A	O	T	C	R	Í	O	C	H
W	C	E	A	B	F	M	Ó	R	R	O	I	N	N

AIRDE
ATLAS
CATHRACH
MÓR-ROINN
TÍR
INGEARCHLÓ
LEATHSFÉAR
OILEÁN
LÉARSCÁIL
MERIDIAN
SLIABH
THUAIDH
AIGÉAN
RÉIGIÚN
ABHAINN
FARRAIGE
THEAS
CRÍOCH
AN TIARTHAR
DOMHAN

96 - Pets

H	D	B	T	R	E	T	S	M	A	H	Y	F	K
S	Ó	I	O	C	I	K	L	R	P	U	P	P	Y
L	O	A	I	B	R	I	A	U	U	M	N	D	T
B	F	S	X	O	E	T	U	H	S	A	E	L	R
C	Ó	C	D	Q	A	T	A	N	W	D	D	U	G
P	O	X	R	K	B	E	O	Í	A	R	Y	E	J
O	F	L	X	Z	A	N	D	N	P	A	L	J	B
T	G	P	L	R	L	T	R	I	B	Y	U	P	C
Z	S	E	S	A	L	U	A	O	U	Z	C	D	A
V	I	N	D	H	R	R	Z	C	A	N	H	E	Q
I	M	K	O	B	O	T	I	L	U	B	A	O	Y
T	O	R	R	A	P	L	L	H	R	U	Ó	S	P
W	F	I	Y	G	H	E	C	S	I	U	D	H	N
T	R	É	I	D	L	I	A	K	T	T	V	C	W

CAT
COLLAR
BÓ
MADRA
IASC
BIA
GABHAR
HAMSTER
KITTEN
LEASH
LIZARD
LUCH
PARROT
PAWS
PUPPY
COINÍN
EIREABALL
TURTLE
TRÉIDLIA
UISCE

97 - Jazz

A	K	A	F	R	S	E	A	N	V	G	E	C	V
R	L	U	H	W	I	S	T	Í	L	M	A	U	T
N	O	B	M	W	I	T	R	C	I	O	L	M	Y
Á	E	E	A	D	B	Y	H	L	Í	T	A	A	U
E	C	R	N	M	I	É	B	I	A	E	Í	D	V
S	W	N	A	R	C	S	Y	O	M	I	O	Ó	N
E	Ó	X	É	I	N	Á	Ú	A	U	C	N	I	A
T	Y	V	H	O	Ó	Q	I	Y	R	N	T	R	M
I	E	D	D	H	B	E	T	L	D	Í	Ó	H	H
R	V	H	H	C	D	J	F	K	I	C	I	L	R
O	Y	I	M	L	N	U	I	D	I	Ú	R	U	Á
V	C	G	O	O	U	A	E	K	N	X	L	N	N
A	A	P	C	E	A	R	S	L	G	D	T	A	I
F	S	S	A	C	R	T	A	L	L	A	N	N	Z

ALBAM
EALAÍONTÓIR
CUMADÓIR
COMHDHÉANAMH
CEOLCHOIRM
DRUMAÍ
BÉIM
CÁILIÚLA
FAVORITES
SEÁNRA
SEIFTIÚ
CEOL
NUA
SEAN
RITHIM
AMHRÁN
STÍL
TALLANN
TEICNÍC

98 - Nature

Y	E	T	H	B	I	É	L	S	Z	F	T	Á	C
N	Z	N	R	B	E	A	C	H	A	Á	E	I	R
E	J	N	S	Ó	M	H	Z	C	M	S	A	L	E
N	A	I	P	X	P	A	C	E	O	A	R	L	I
E	L	A	G	O	D	A	I	Ó	Y	C	M	E	M
R	Ú	H	Z	H	D	U	I	L	Z	H	A	A	E
E	I	B	A	C	K	H	I	C	L	A	N	C	A
S	C	A	M	A	I	L	L	L	E	T	N	H	D
Z	I	U	A	T	B	A	J	Q	L	A	E	T	H
N	M	B	P	R	V	Q	C	C	P	I	C	J	R
W	I	G	L	A	C	I	E	R	K	V	Ú	H	O
K	N	S	Í	O	C	H	Á	N	T	A	N	R	J
W	I	U	A	I	N	M	H	I	T	H	E	K	W
F	D	F	O	R	A	O	I	S	W	I	L	D	A

AINMHITHE
ARTACH
ÁILLEACHT
BEACHA
AILLTE
SCAMAILL
FÁSACH
DINIMICIÚLA
CREIMEADH
CEO
DUILLIÚR
FORAOIS
GLACIER
SLÉIBHTE
SÍOCHÁNTA
ABHAINN
TEARMANN
SERENE
TRÓPAICEACH
WILD

99 - Vacation #2

H	C	A	R	T	H	C	A	E	C	P	Ó	O	B
A	D	D	R	A	H	N	N	Á	E	L	I	O	N
F	M	J	Y	C	P	K	T	R	A	I	U	T	V
B	Ó	A	O	S	H	M	J	L	N	Á	T	S	Ó
Q	I	I	F	A	X	K	O	P	N	C	A	A	E
S	L	A	L	Í	V	R	R	I	S	S	E	R	F
I	Z	G	L	L	R	O	U	S	C	R	R	U	A
S	Y	D	A	A	Í	B	C	T	R	A	F	T	R
P	A	S	B	A	N	O	T	R	Í	É	O	S	R
V	Q	T	U	A	T	N	C	Á	B	L	R	A	A
L	I	Á	P	M	A	C	C	H	E	I	T	O	I
S	L	É	I	B	H	T	E	M	T	I	T	I	G
E	A	C	H	T	R	A	N	N	A	C	H	R	E
V	S	Z	Y	Ó	Ó	B	V	Í	O	S	A	E	M

AERFORT
TRÁ
CAMPÁIL
CEANN SCRÍBE
EACHTRACH
EACHTRANNACH
SAOIRE
ÓSTÁN
OILEÁN
TURAS
FÓILLÍOCHT
LÉARSCÁIL
SLÉIBHTE
PAS
BIALANN
FARRAIGE
TACSAÍ
PUBALL
IOMPAR
VÍOSA

100 - Electricity

S	M	H	C	X	S	D	Ó	L	T	G	S	V	S
R	R	C	U	C	Í	X	M	A	R	I	T	V	O
E	L	A	E	D	F	Z	K	M	E	N	Ó	M	I
A	Í	T	B	A	I	L	L	P	A	E	R	A	C
N	O	L	L	B	L	U	B	A	L	A	Á	I	É
G	N	Ú	B	V	I	L	U	O	A	D	I	G	A
A	R	I	F	T	E	S	R	G	M	Ó	L	H	D
Í	A	D	U	R	T	B	Q	A	H	I	C	N	L
F	A	Y	C	Á	B	L	A	E	Í	R	E	É	L
L	E	I	C	T	R	E	A	C	H	G	W	A	A
I	T	Z	T	E	I	L	E	A	F	Ó	N	D	S
D	E	A	R	F	A	C	H	F	B	I	P	E	E
Ó	V	L	E	I	C	T	R	E	O	I	R	N	R
J	Q	H	L	Y	G	Ó	H	T	A	Q	V	Z	Z

CEALLRAÍ
BULB
CÁBLA
LEICTREACH
LEICTREOIR
TREALAMH
GINEADÓIR
LAMPA
LASER
MAIGHNÉAD
DIÚLTACH
LÍONRA
RUDAÍ
DEARFACH
SOICÉAD
STÓRÁIL
TEILEAFÓN
TEILIFÍS
SREANGA

1 - Antiques

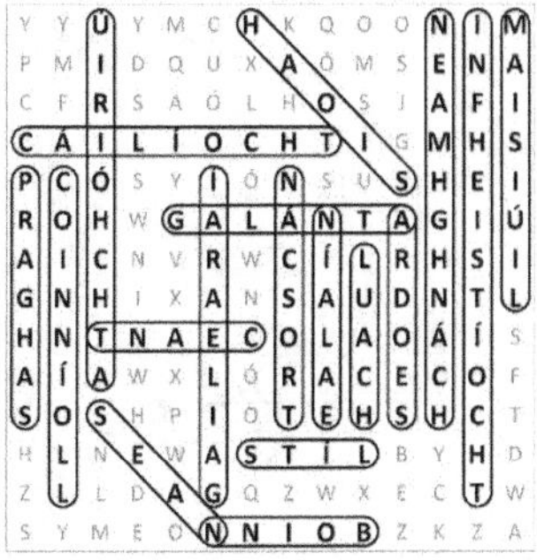

2 - Food #1

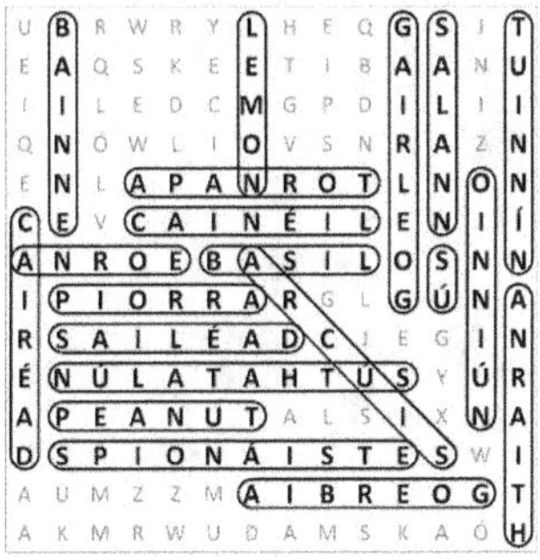

3 - Measurements

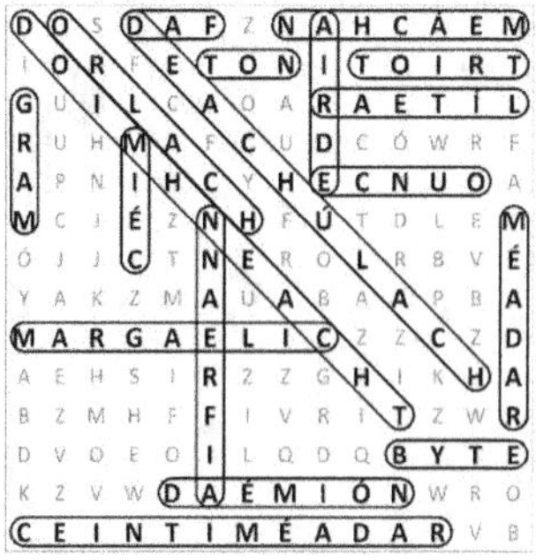

4 - Farm #2

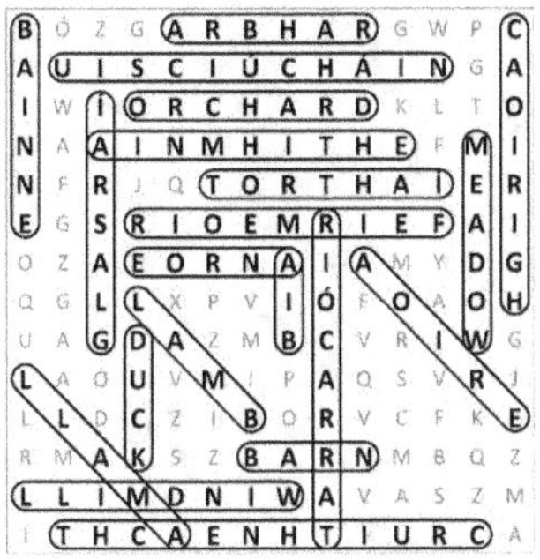

5 - Books

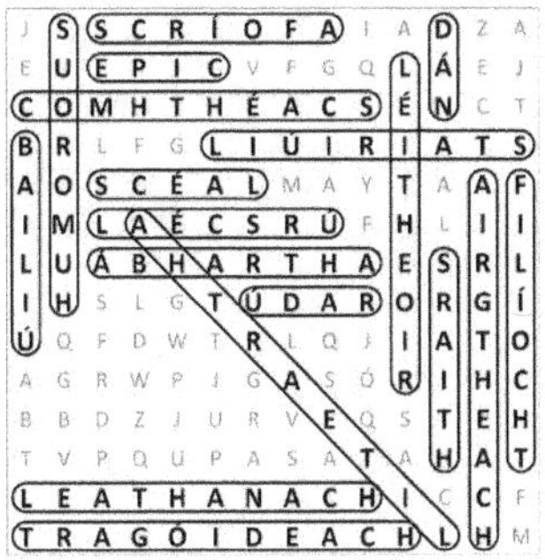

6 - Meditation

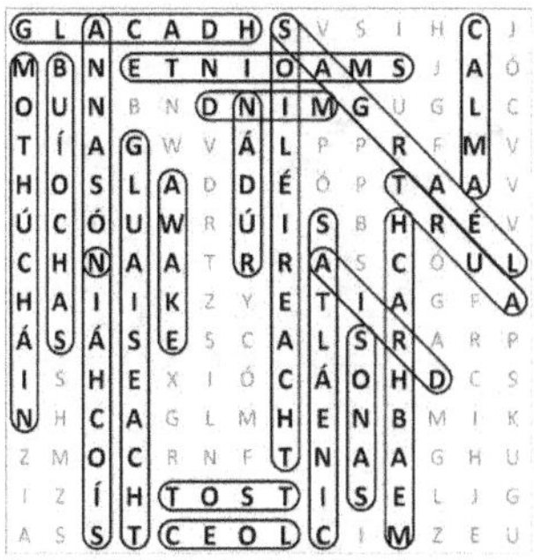

7 - Days and Months

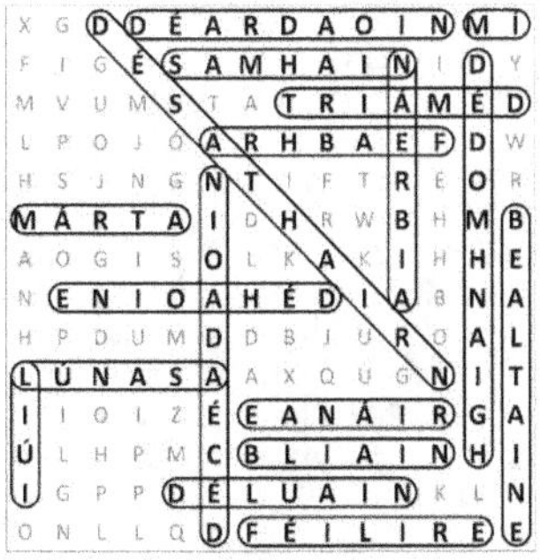

8 - Energy

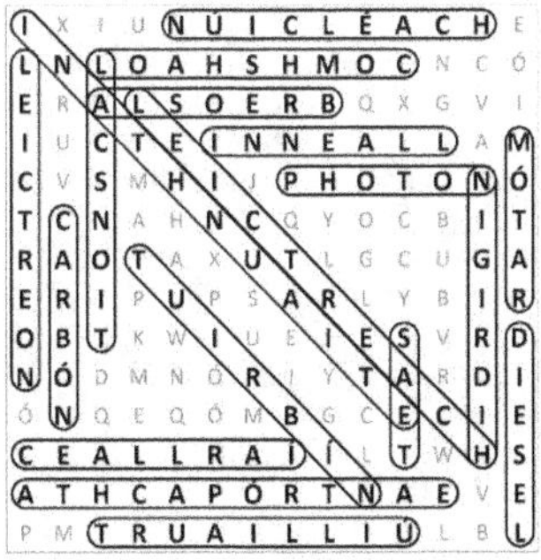

9 - Archeology

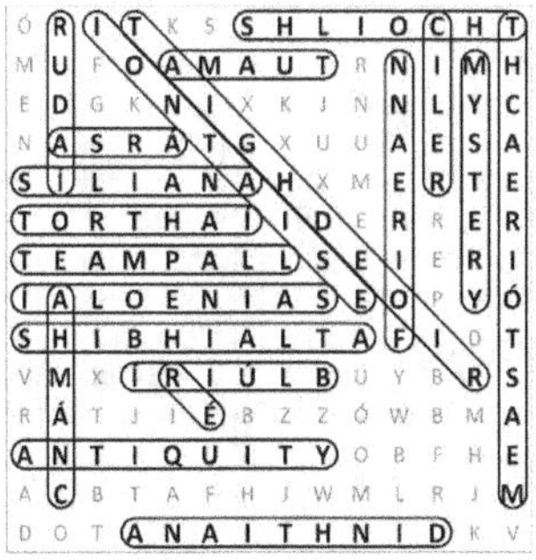

10 - Food #2

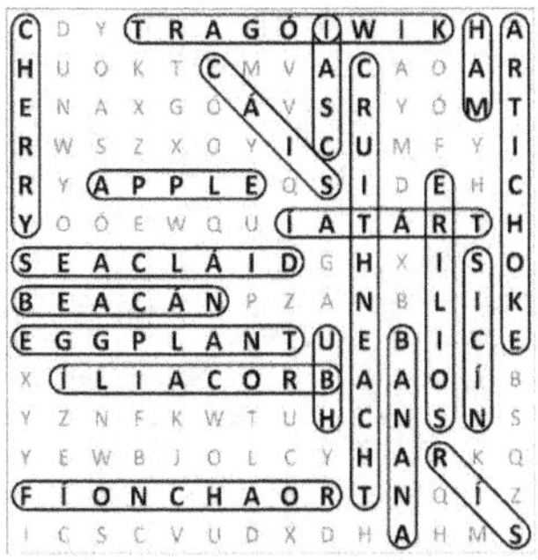

11 - Chemistry

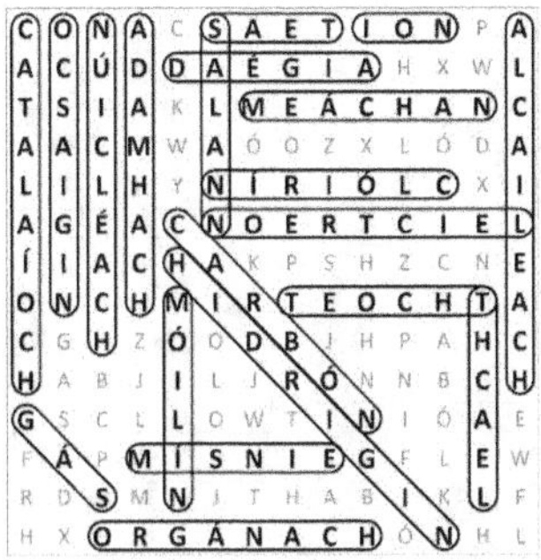

12 - Music

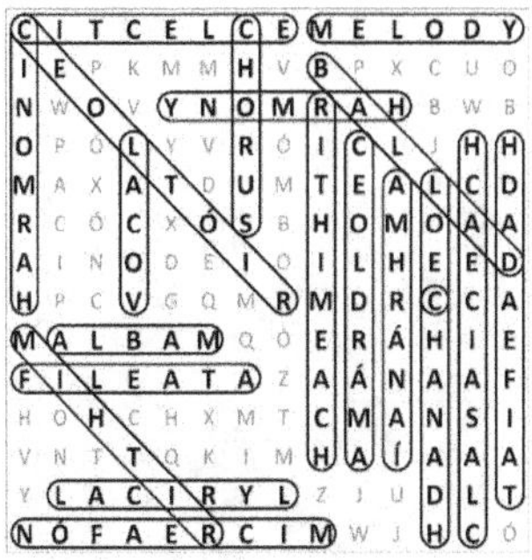

13 - Family

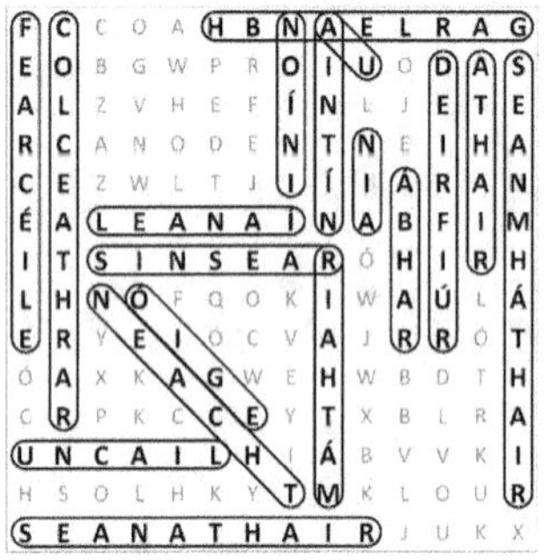

14 - Farm #1

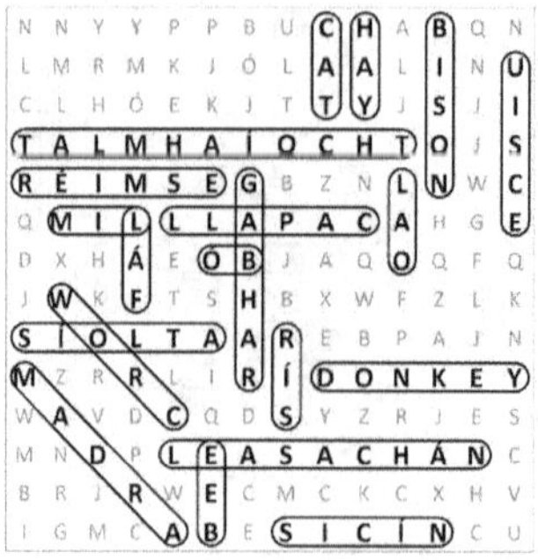

15 - Camping

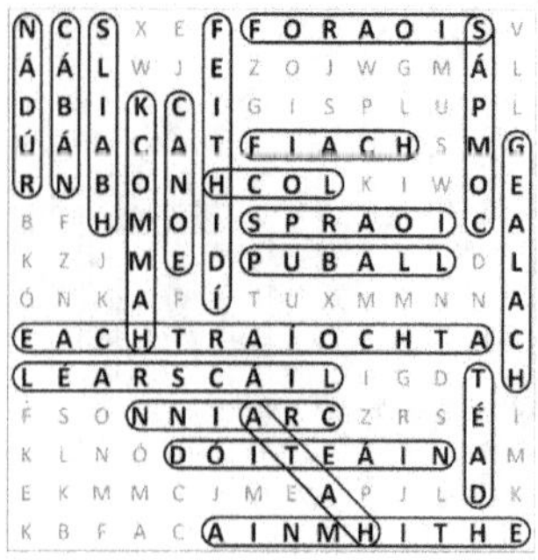

16 - Algebra

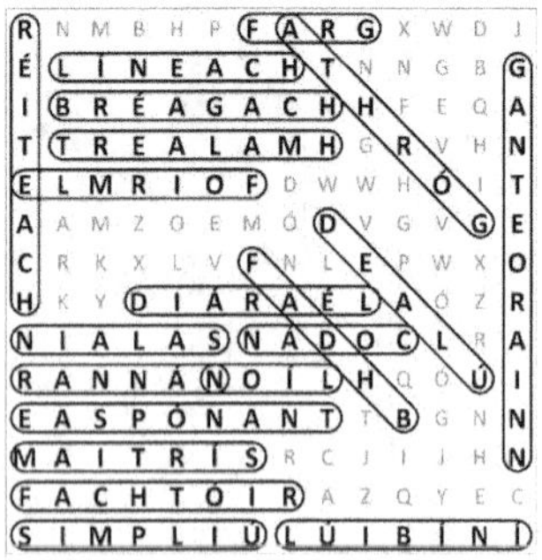

17 - Numbers

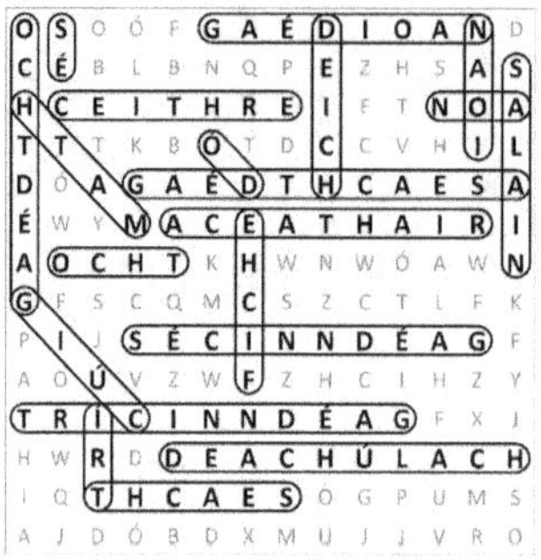

18 - Spices

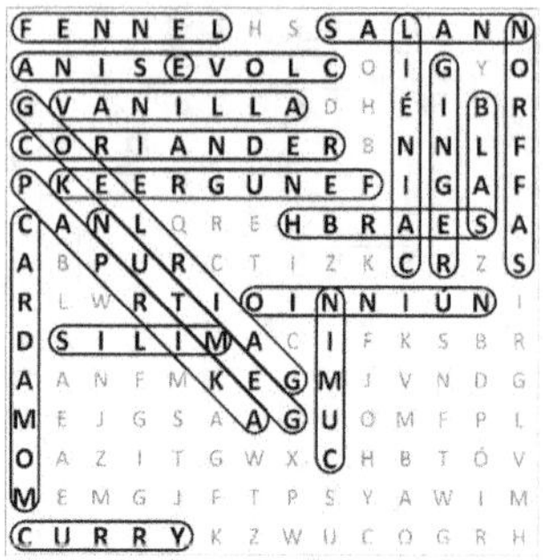

19 - Universe

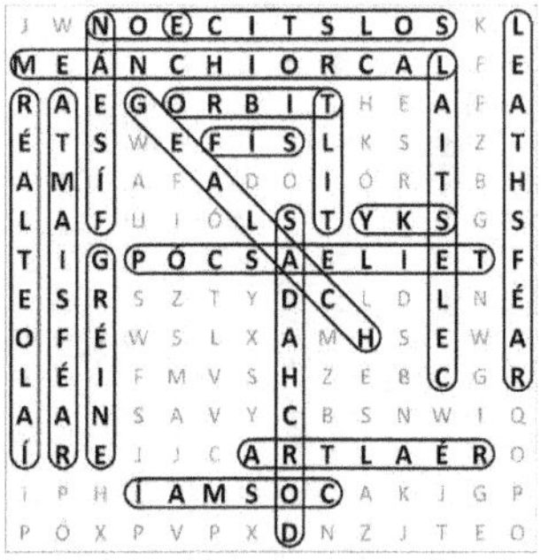

20 - Mammals

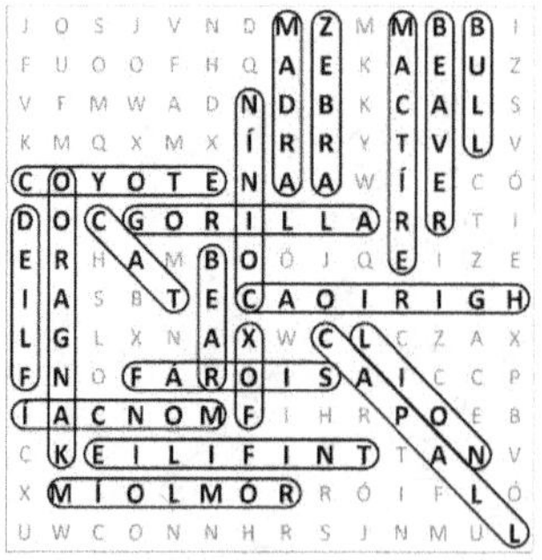

21 - Restaurant #1

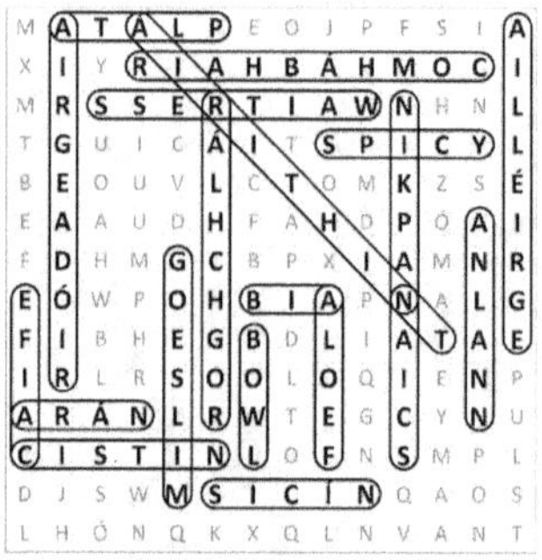

22 - Bees

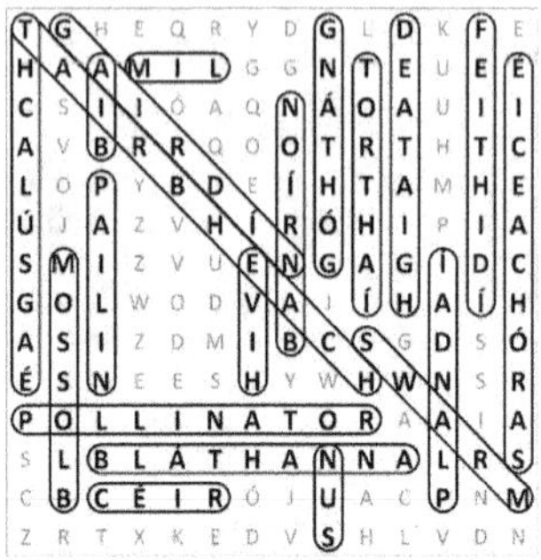

23 - Weather

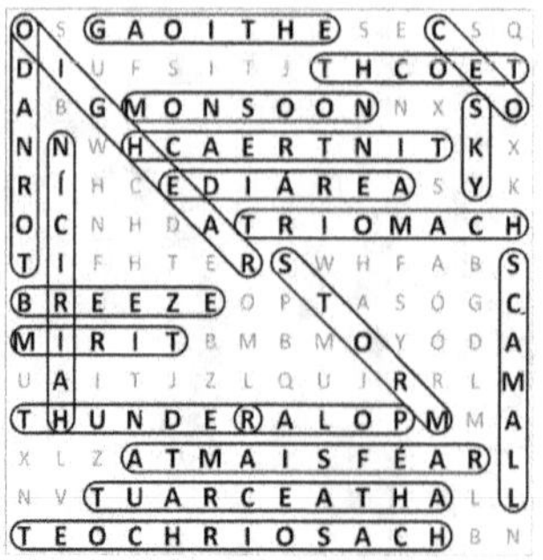

24 - Adventure

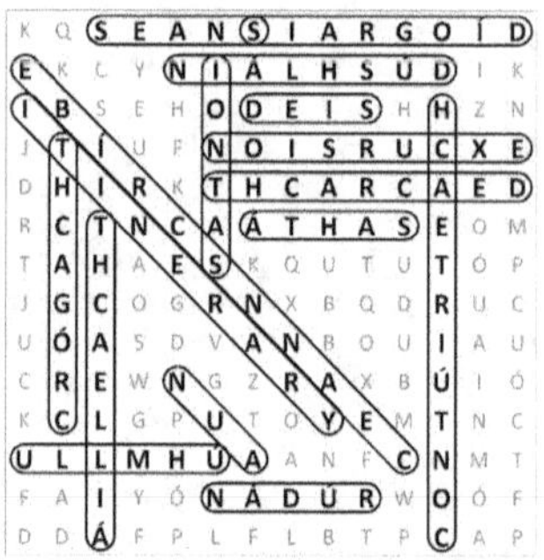

25 - Sport

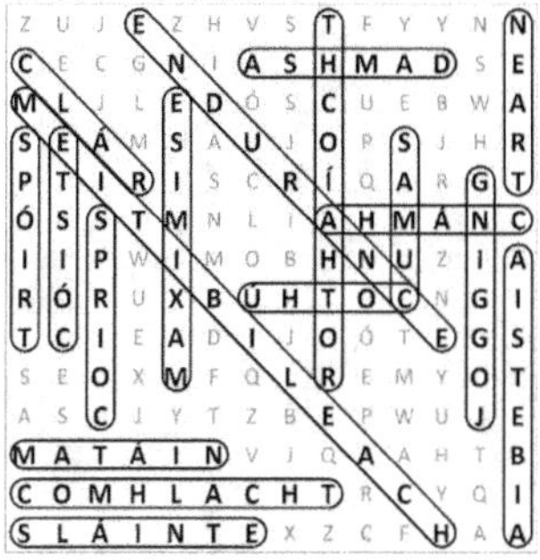

26 - Circus

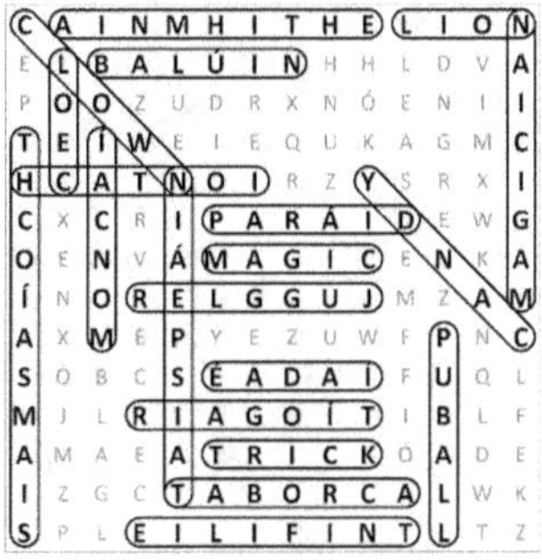

27 - Restaurant #2

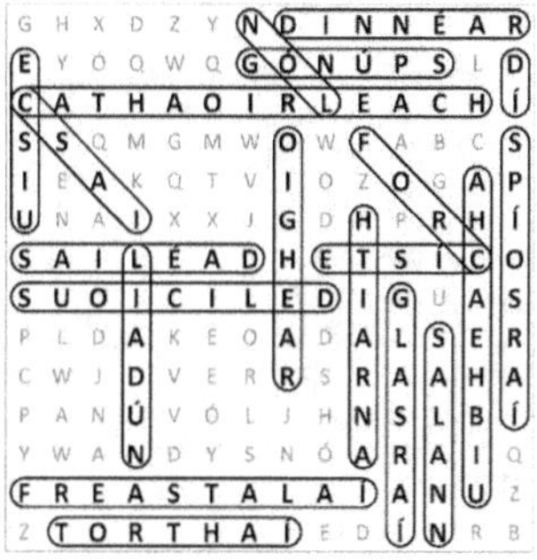

28 - Geology

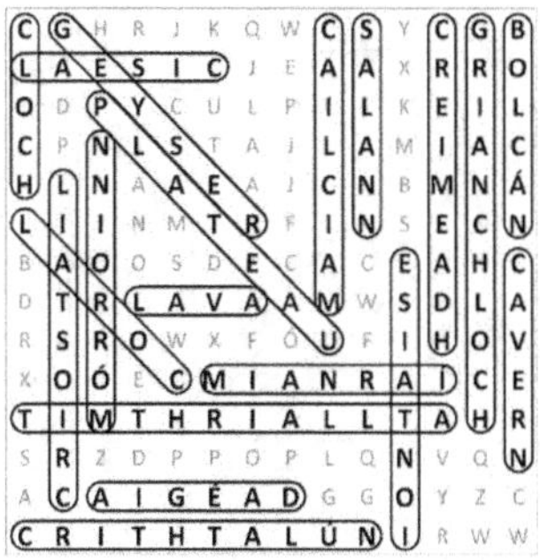

29 - House

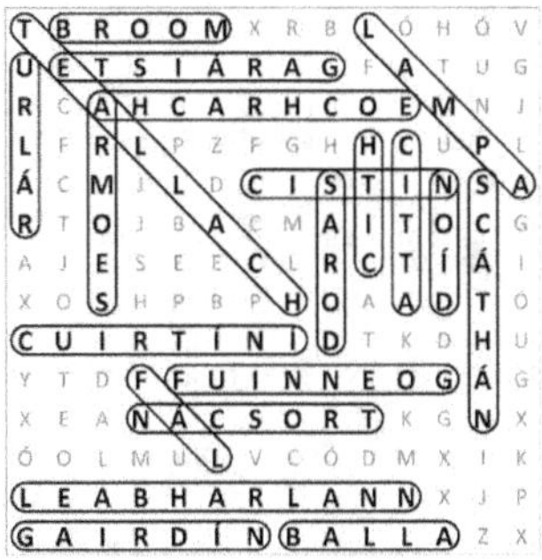

30 - Physics

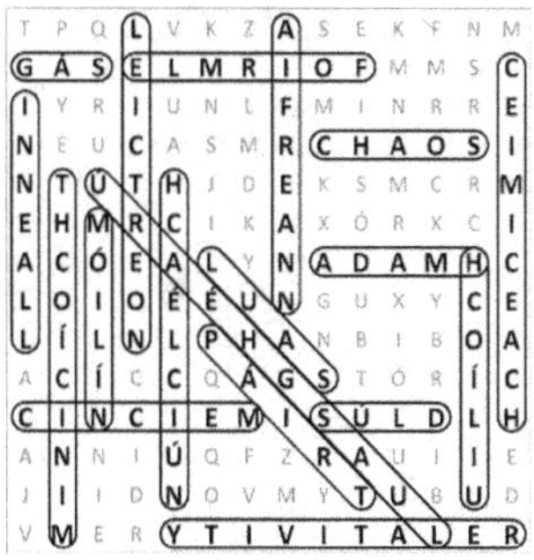

31 - Coffee

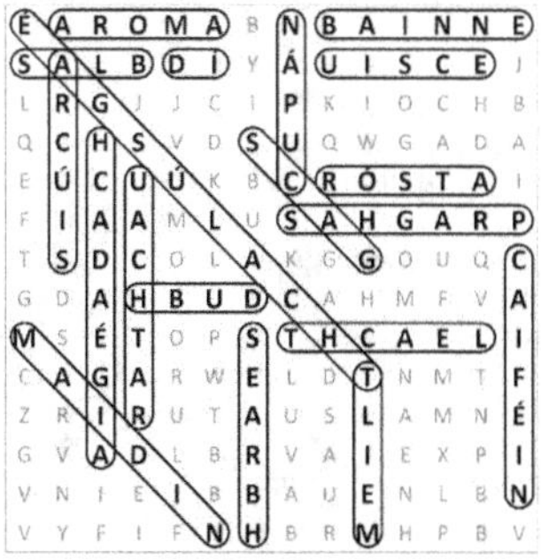

32 - Colors

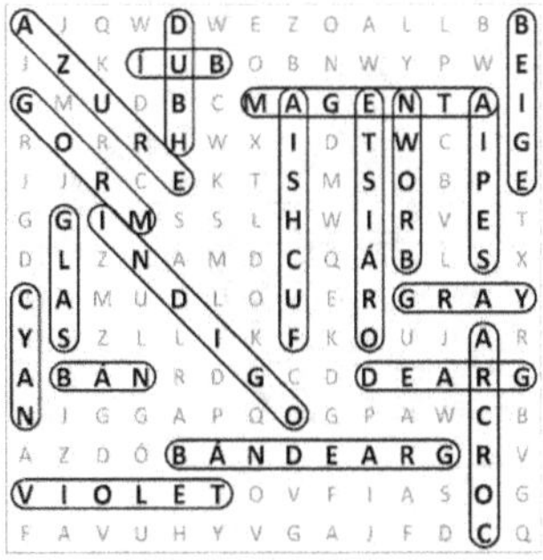

33 - Shapes

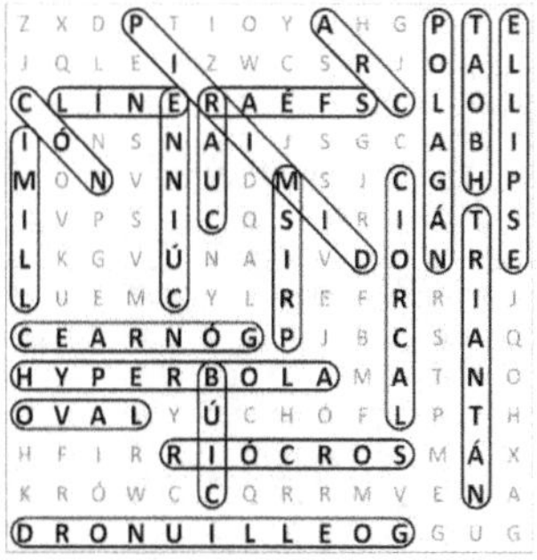

34 - Scientific Disciplines

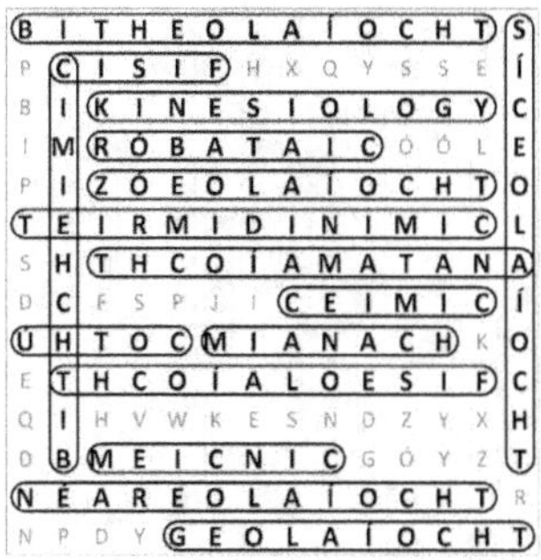

35 - Science

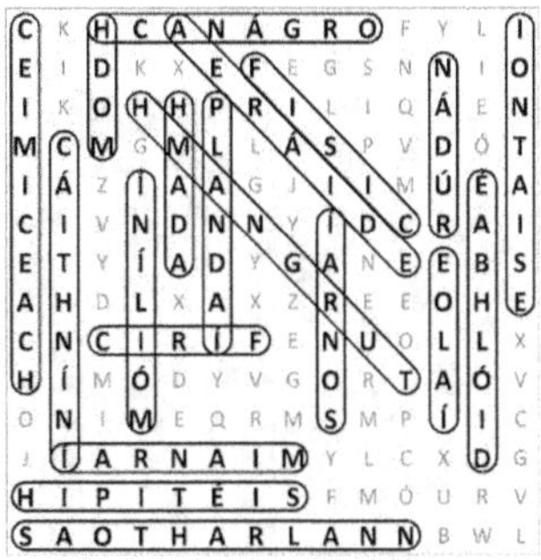

36 - Beauty

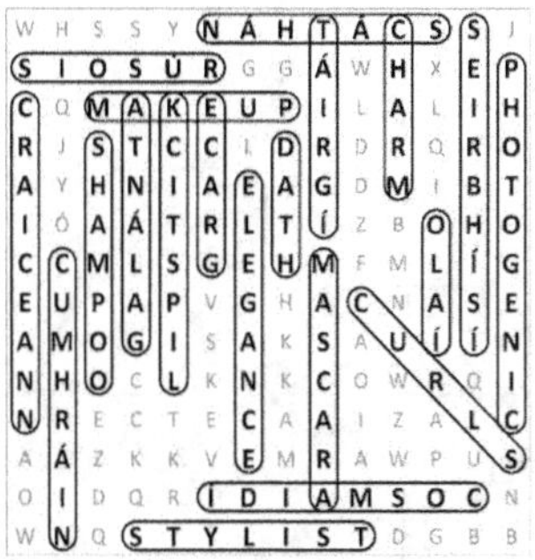

37 - Clothes

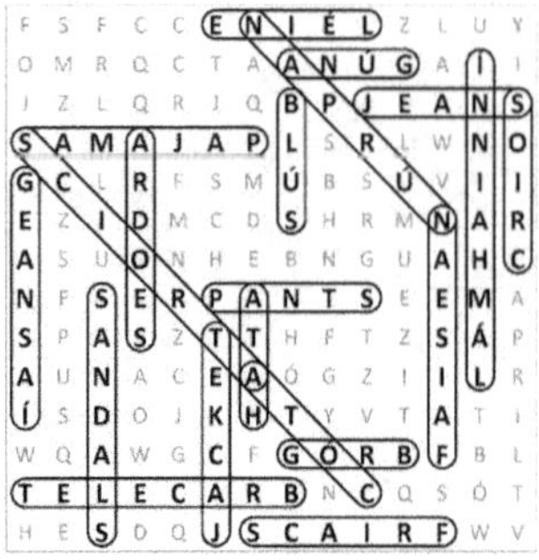

38 - Insects

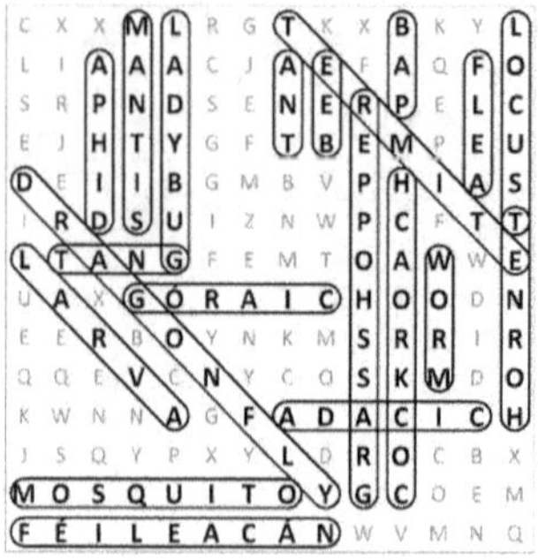

39 - Astronomy

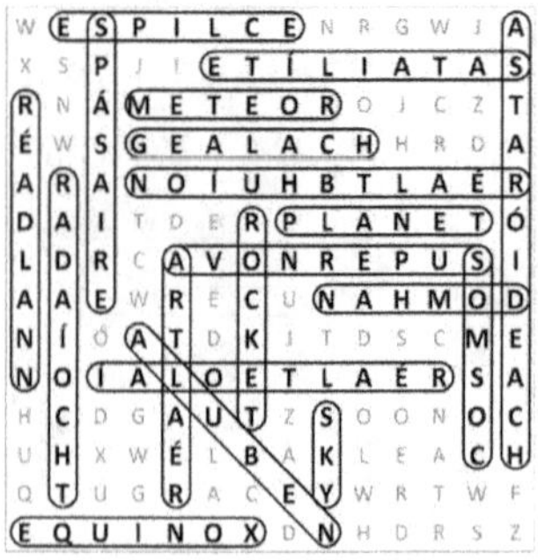

40 - Health and Wellness #2

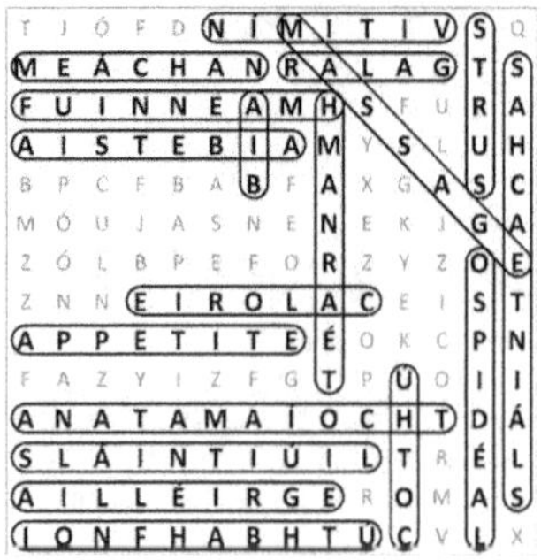

41 - Time

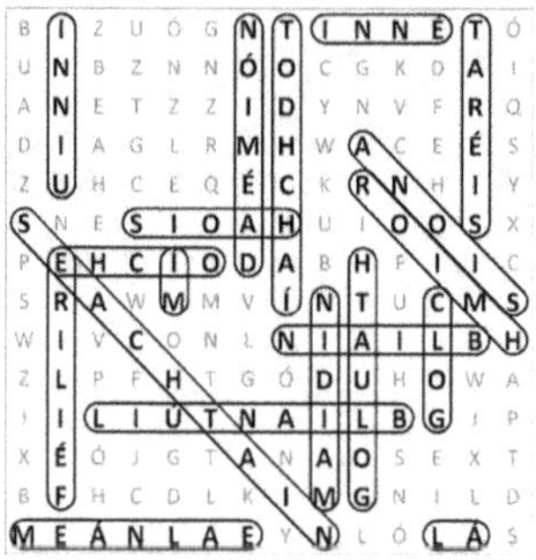

42 - Buildings

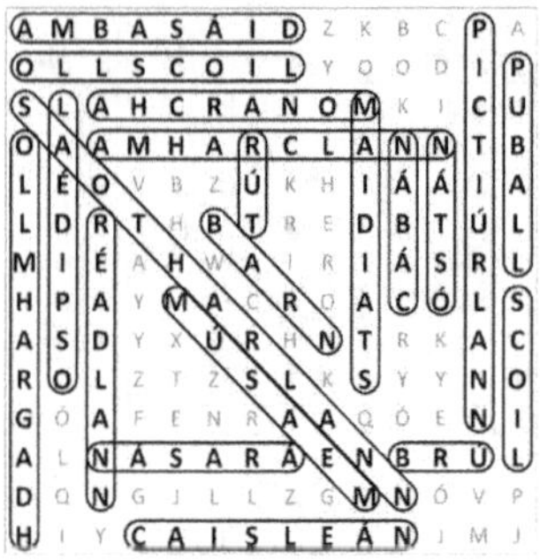

43 - Philanthropy

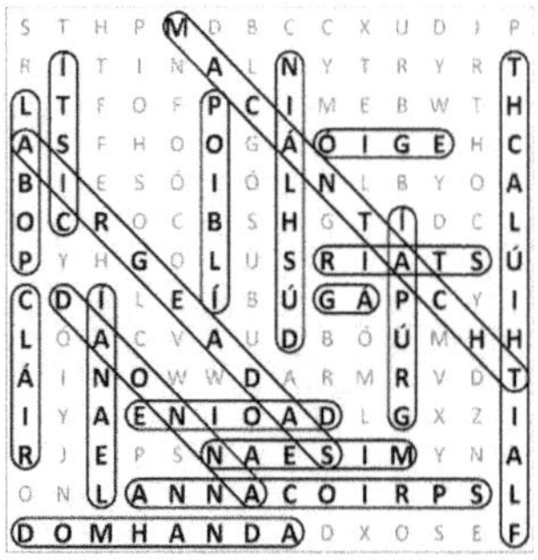

44 - Gardening

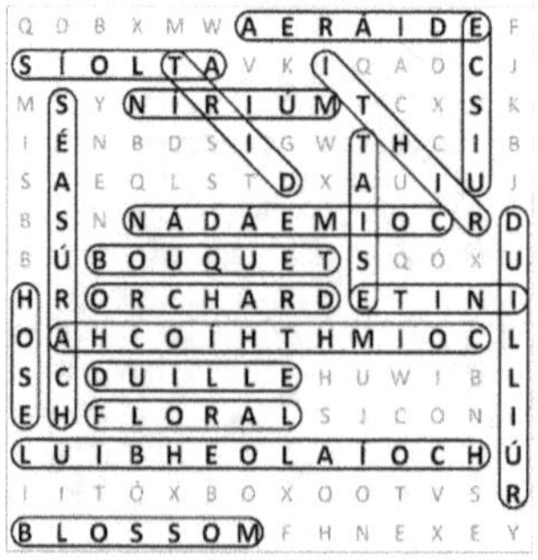

45 - Herbalism

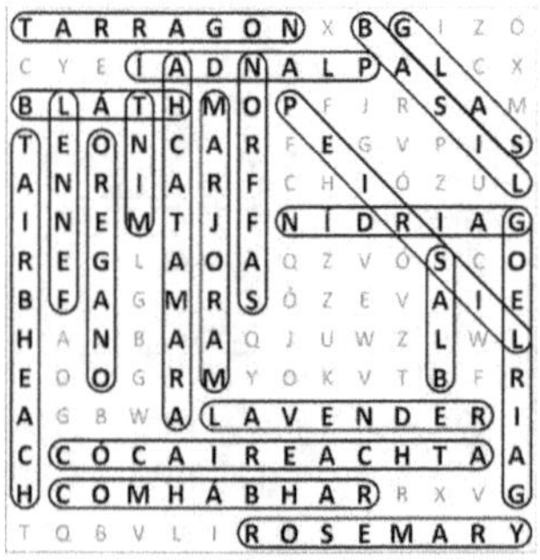

46 - Vehicles

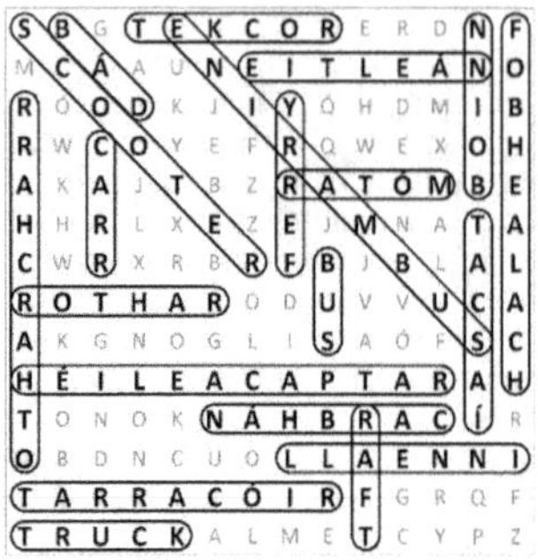

47 - Flowers

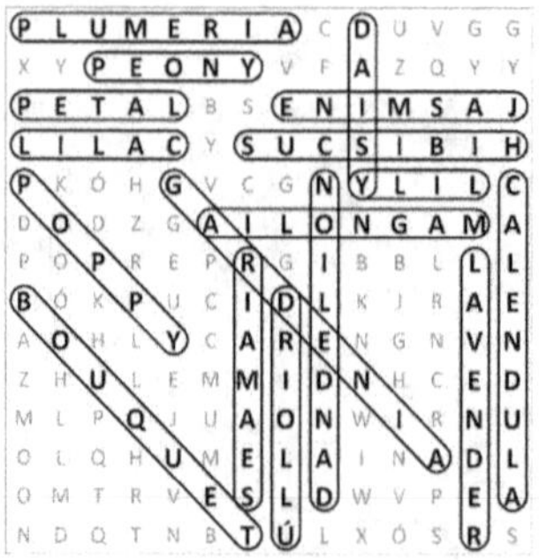

48 - Health and Wellness #1

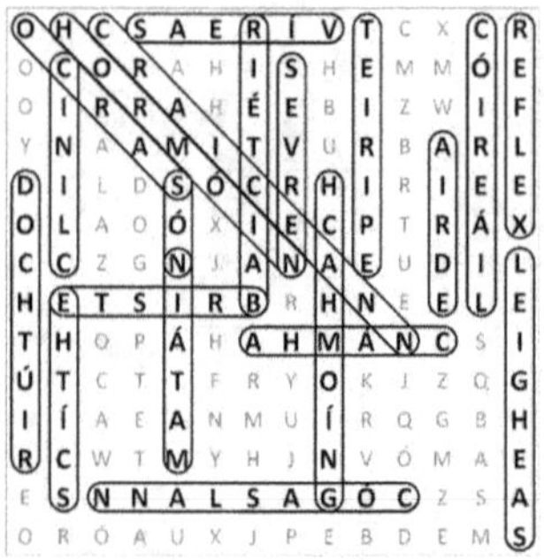

49 - Town

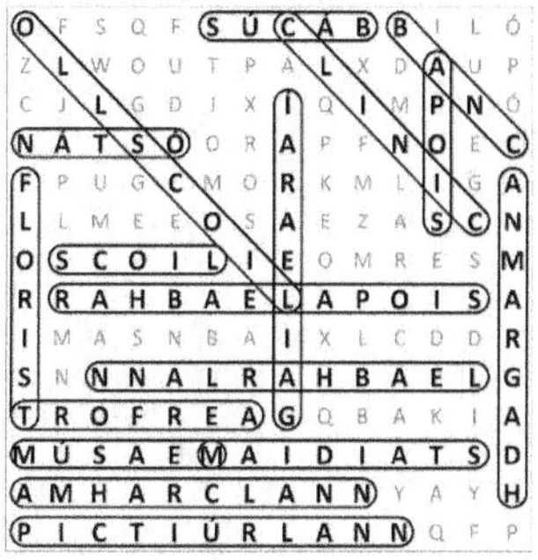

50 - Antarctica

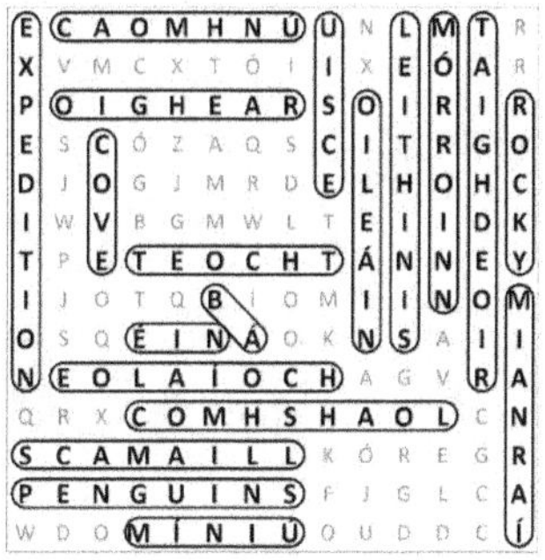

51 - Human Body

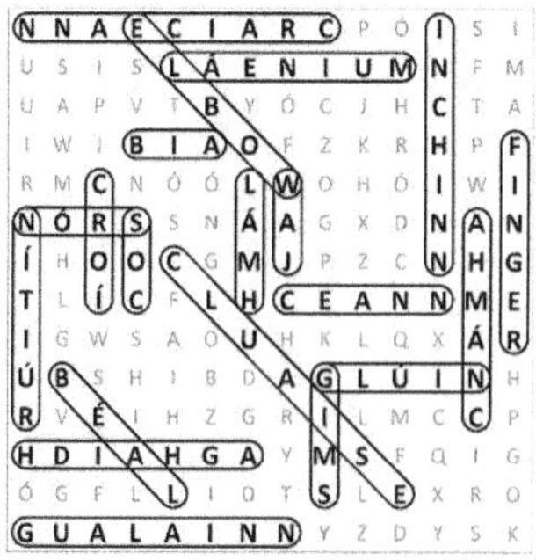

52 - Musical Instruments

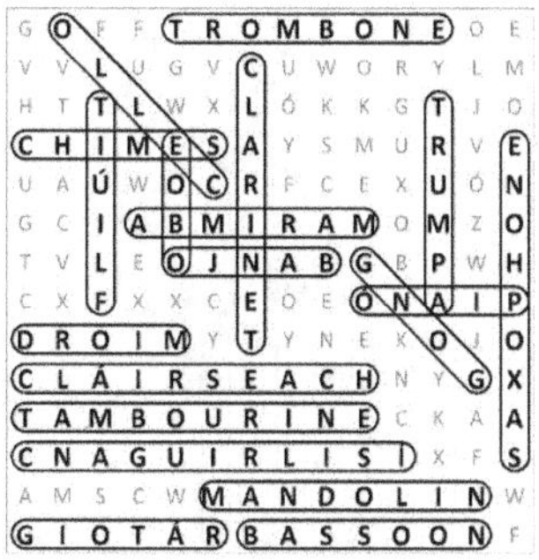

53 - Fruit

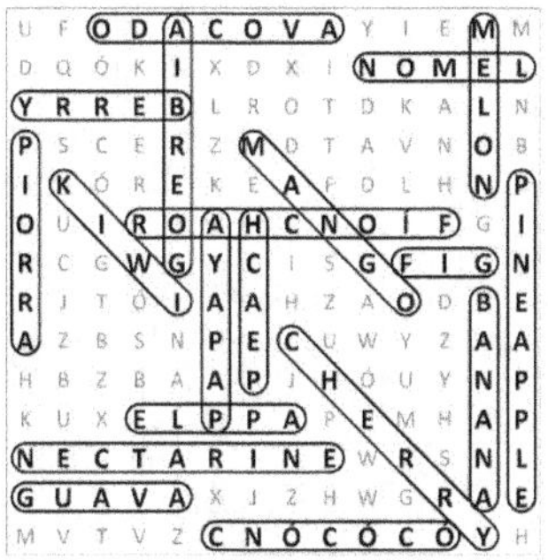

54 - Engineering

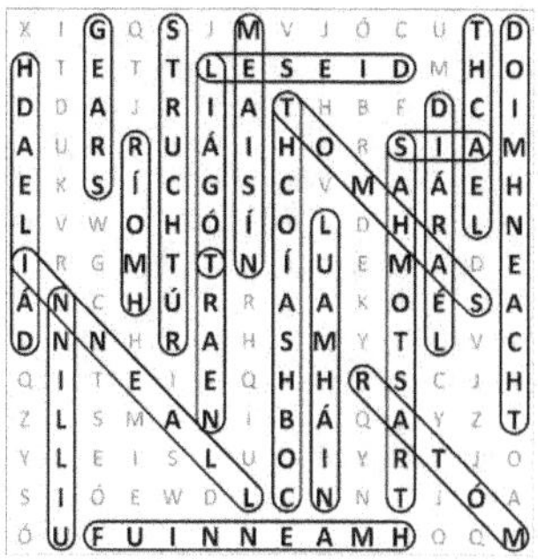

55 - Kitchen

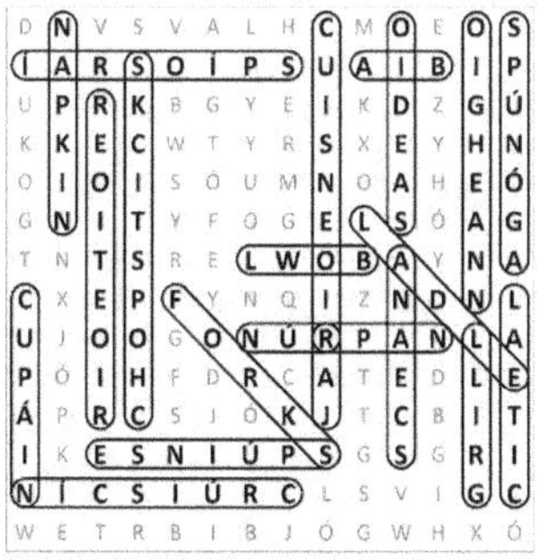

56 - Government

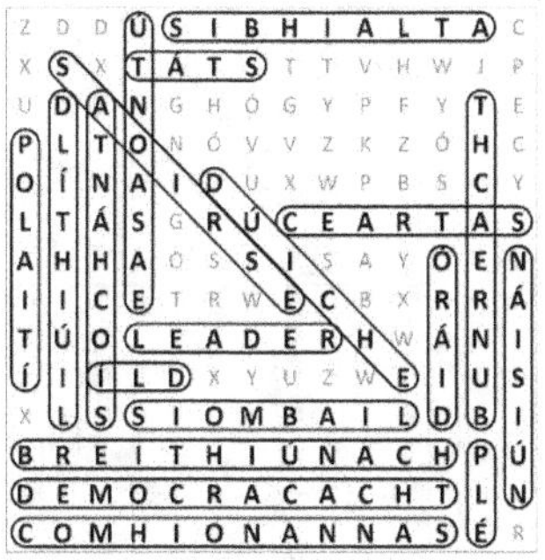

57 - Art Supplies

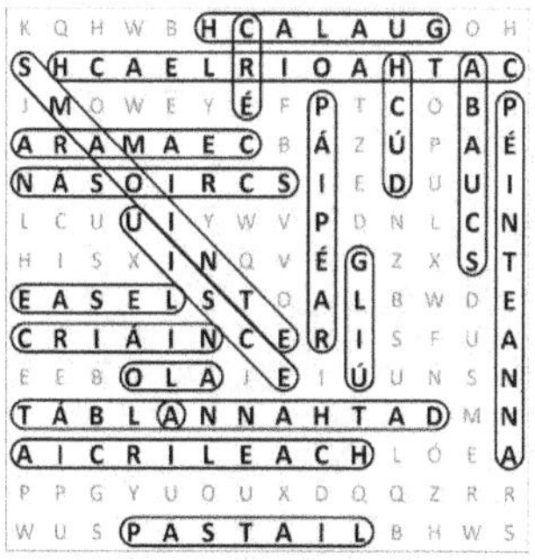

58 - Science Fiction

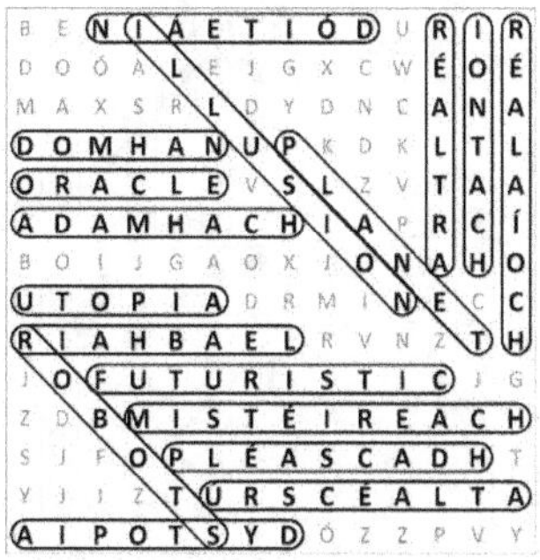

59 - Geometry

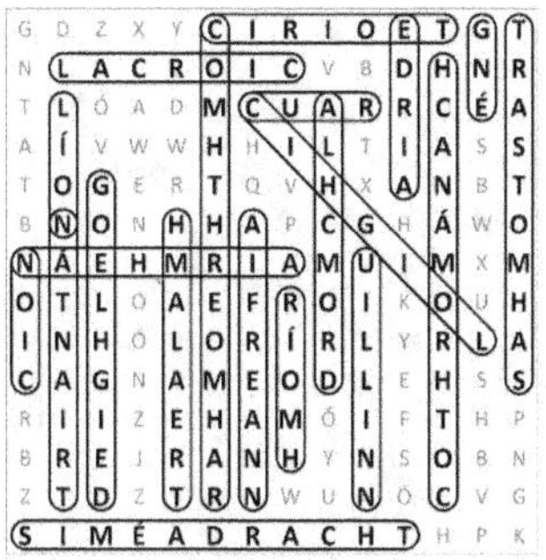

60 - Creativity

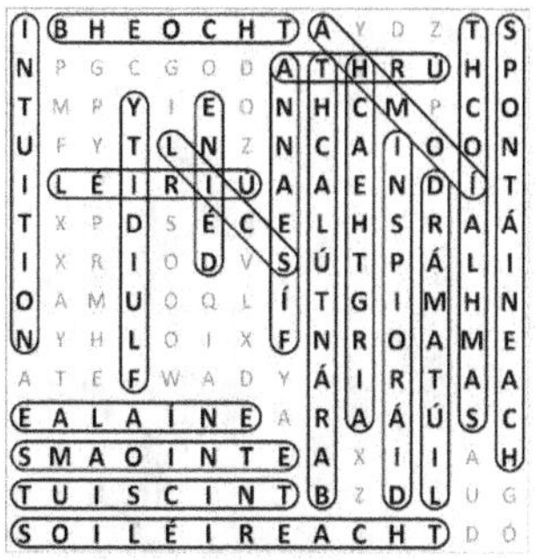

61 - Airplanes

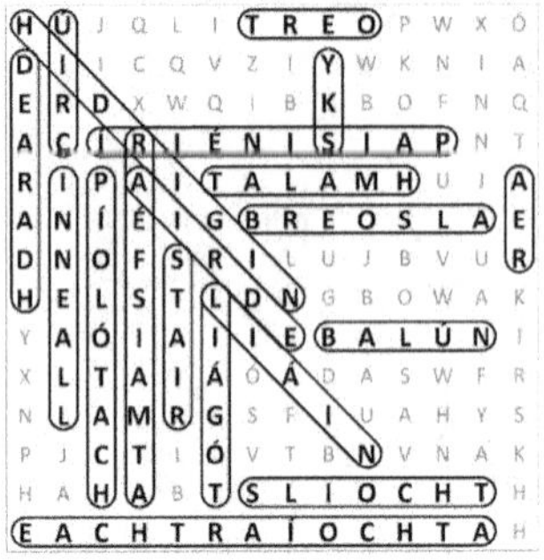

62 - Ocean

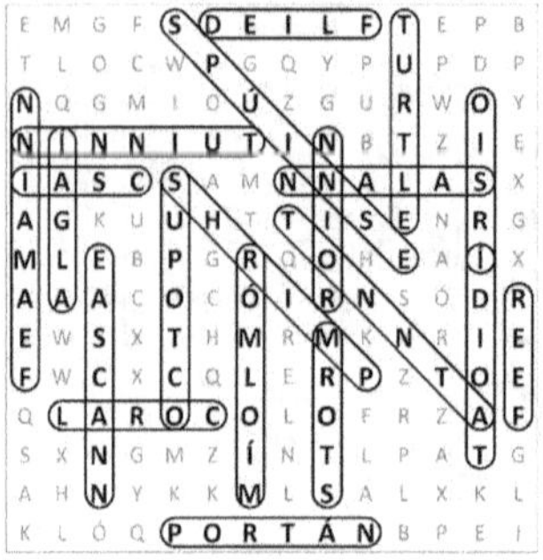

63 - Force and Gravity

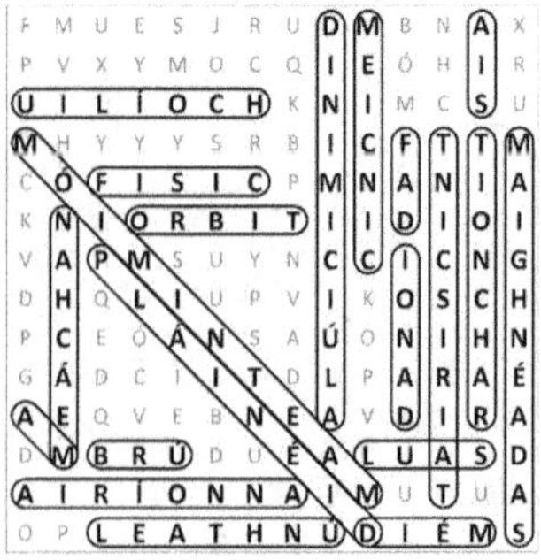

64 - Birds

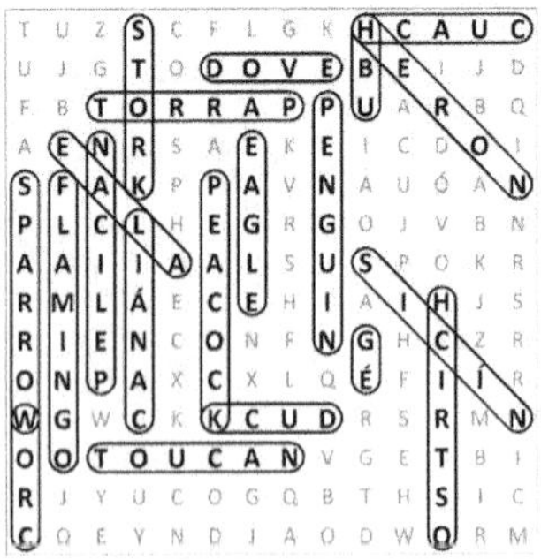

65 - Nutrition

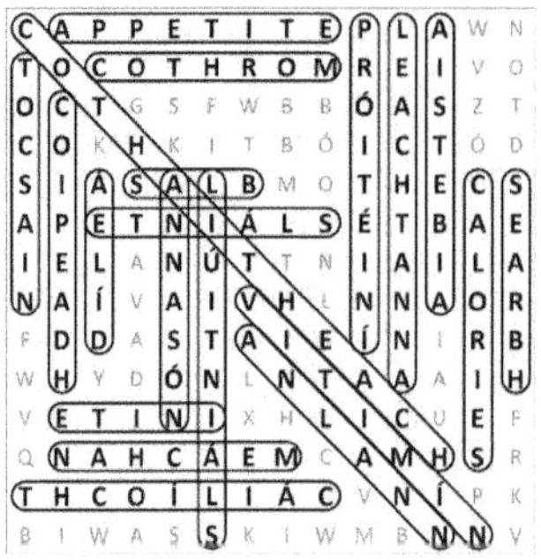

66 - Hiking

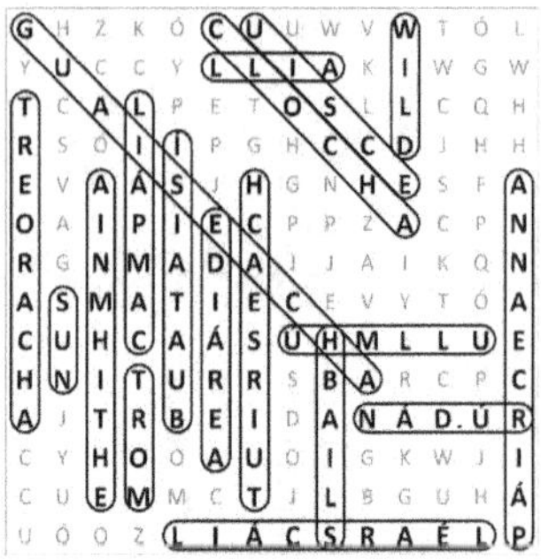

67 - Professions #1

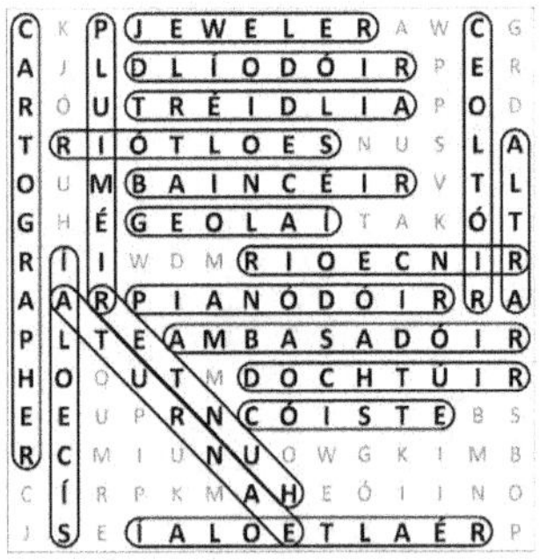

68 - Barbecues

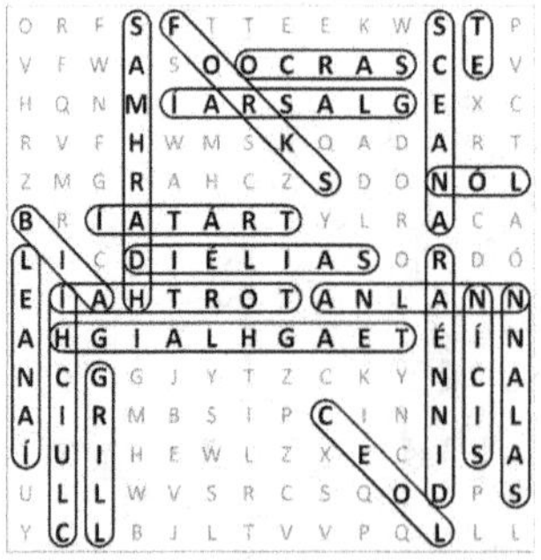

69 - Vegetables

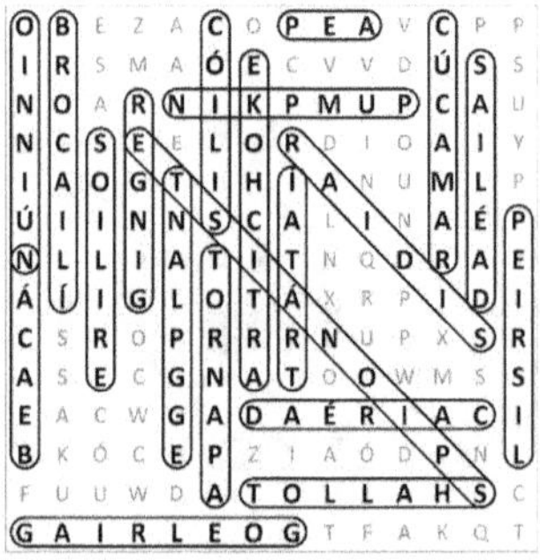

70 - The Media

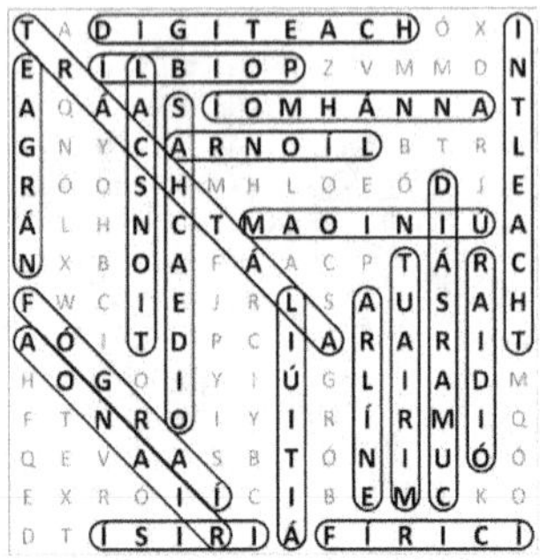

71 - Boats

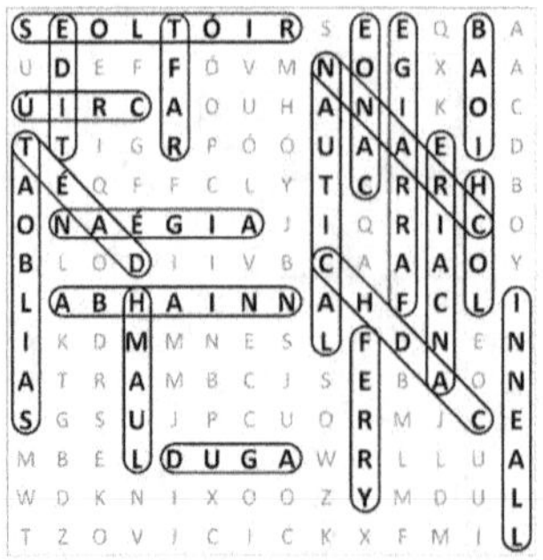

72 - Driving

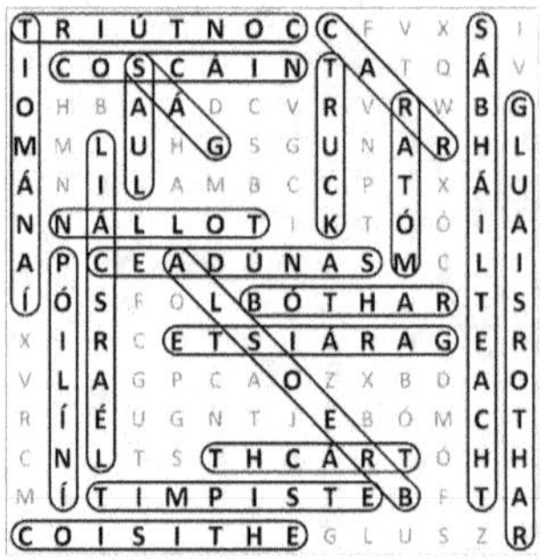

73 - Professions #2

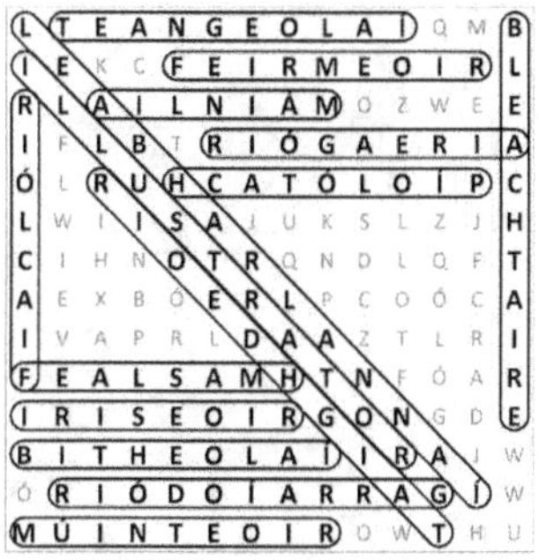

74 - Mythology

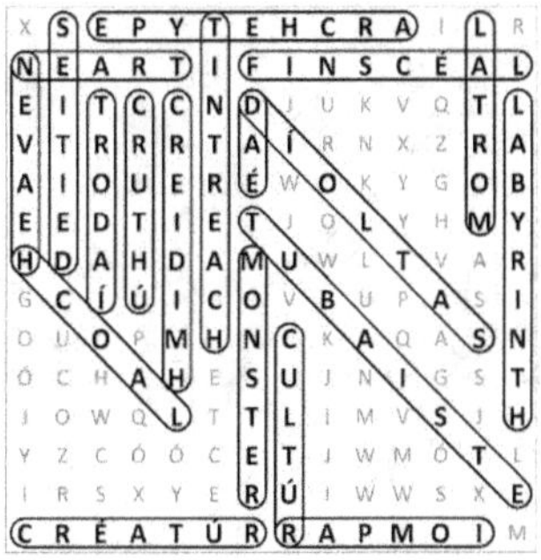

75 - Hair Types

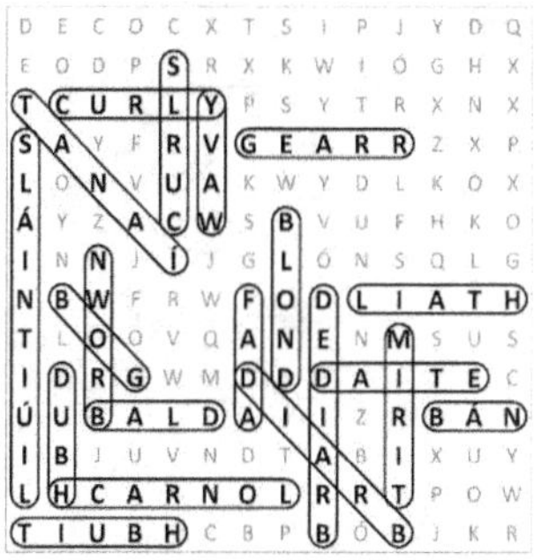

76 - Furniture

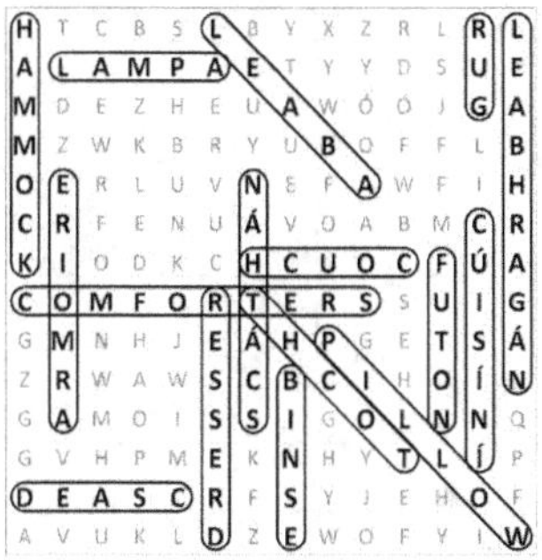

77 - Garden

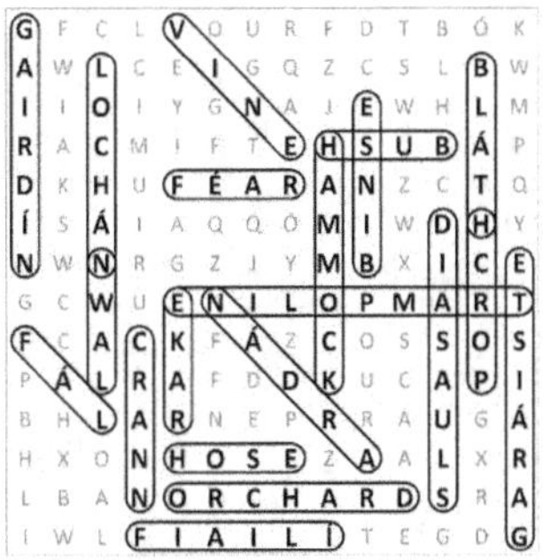

78 - Diplomacy

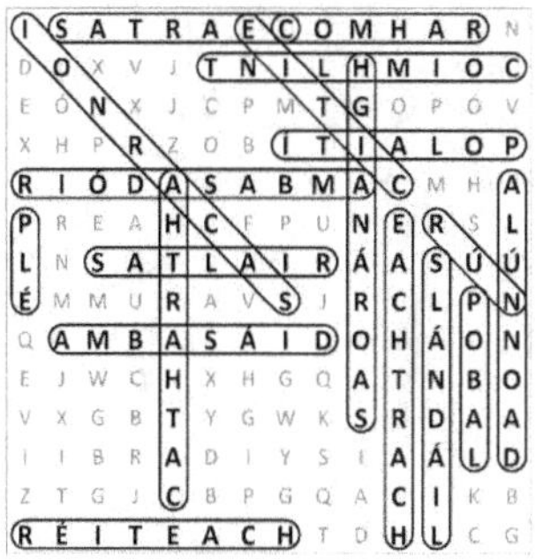

79 - Countries #1

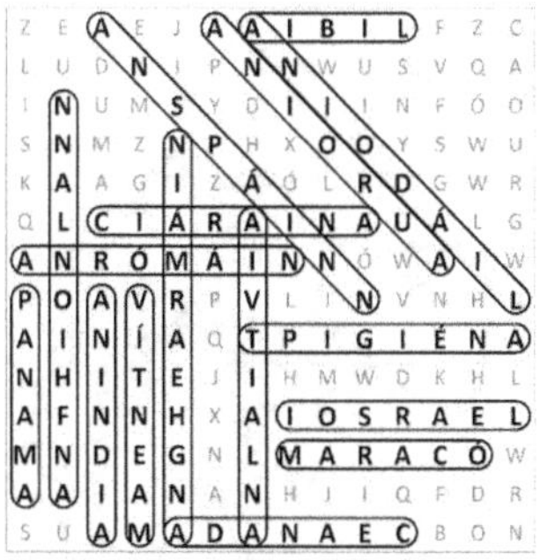

80 - Adjectives #1

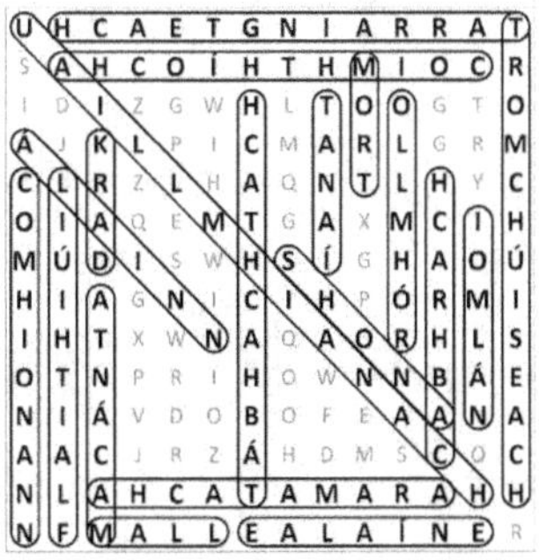

81 - Rainforest

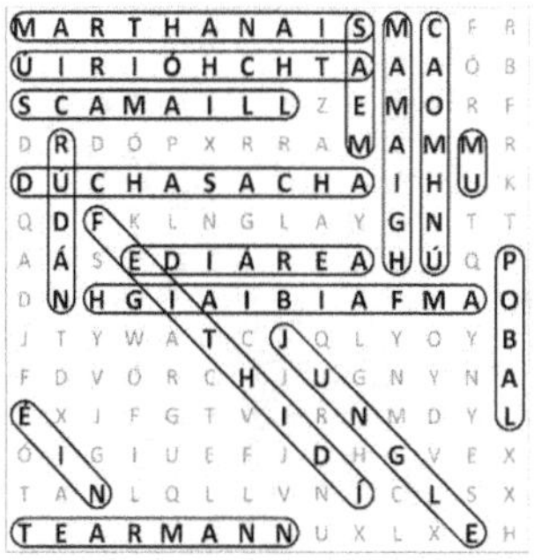

82 - Technology

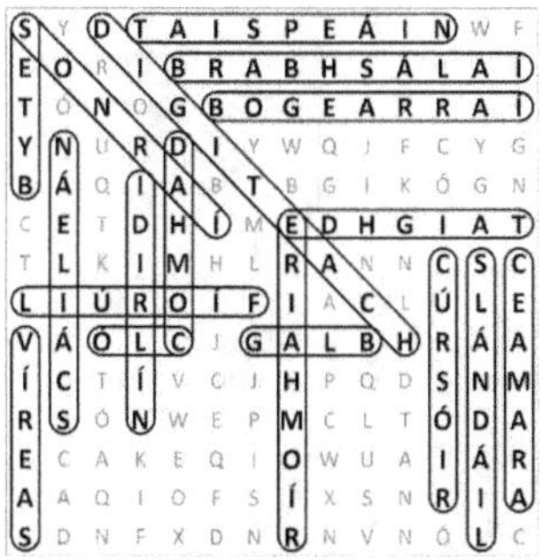

83 - Landscapes

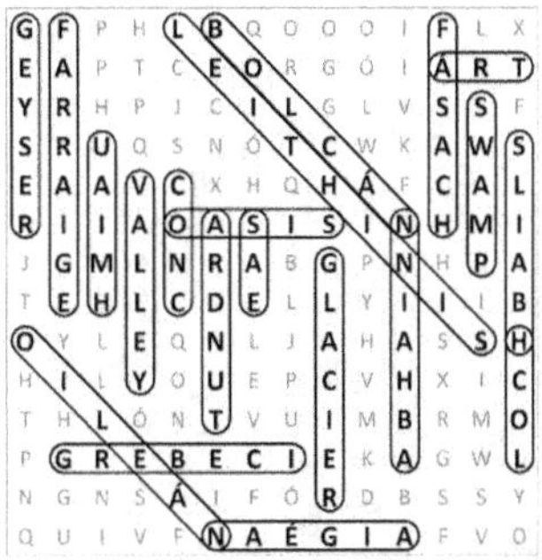

84 - Visual Arts

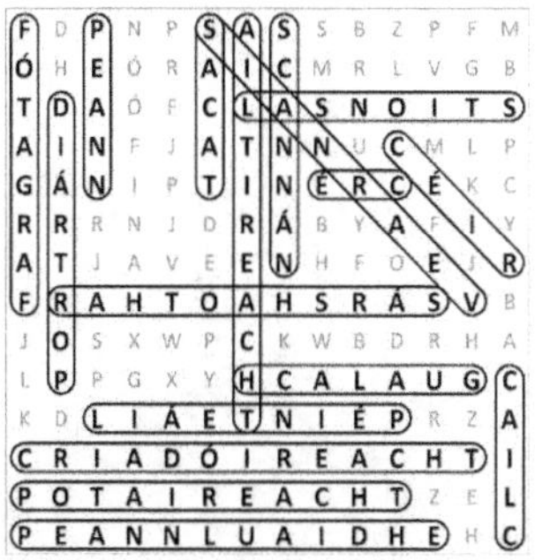

85 - Plants

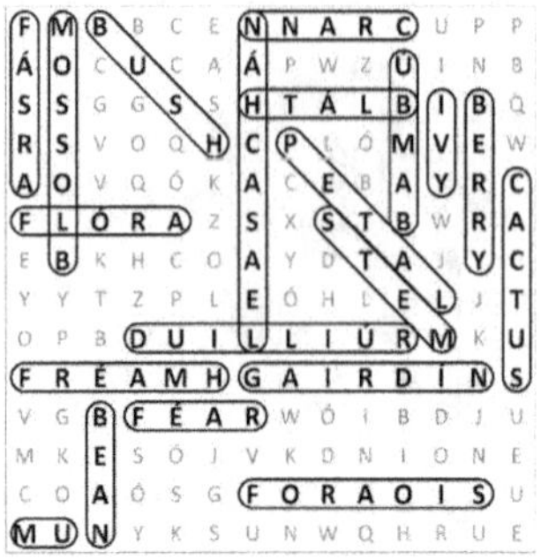

86 - Boxing

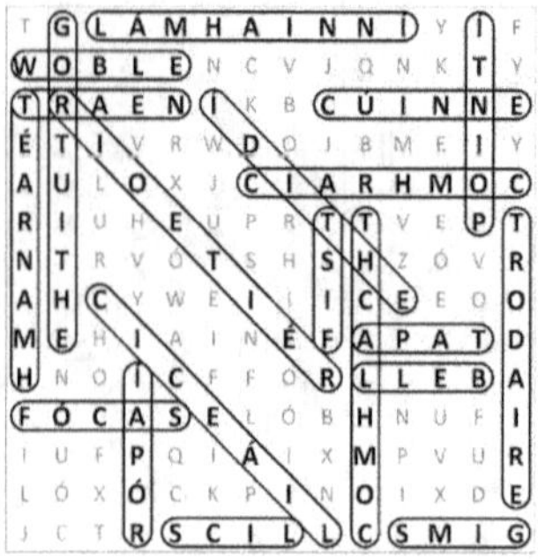

87 - Countries #2

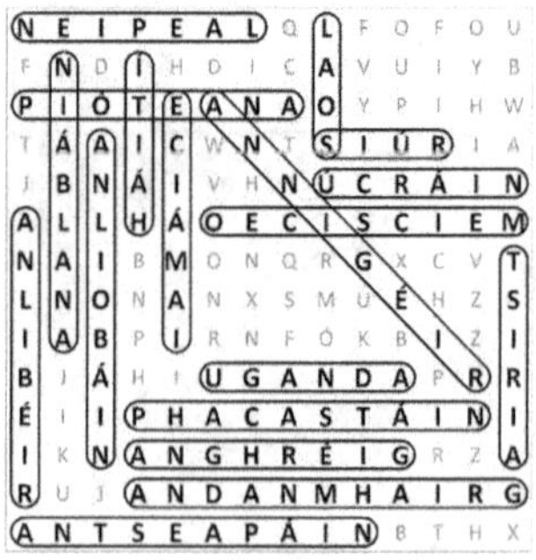

88 - Adjectives #2

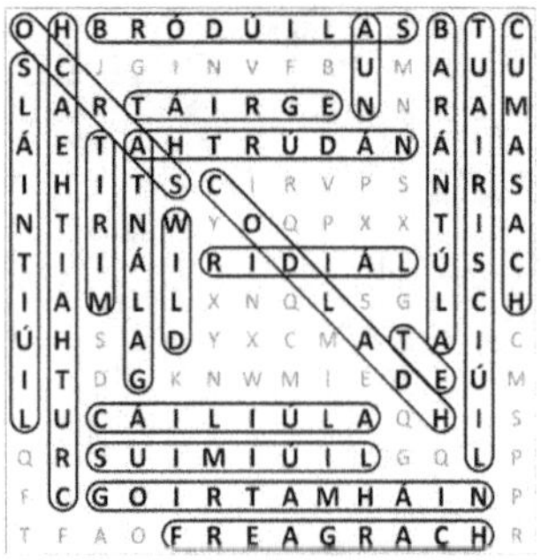

89 - Psychology

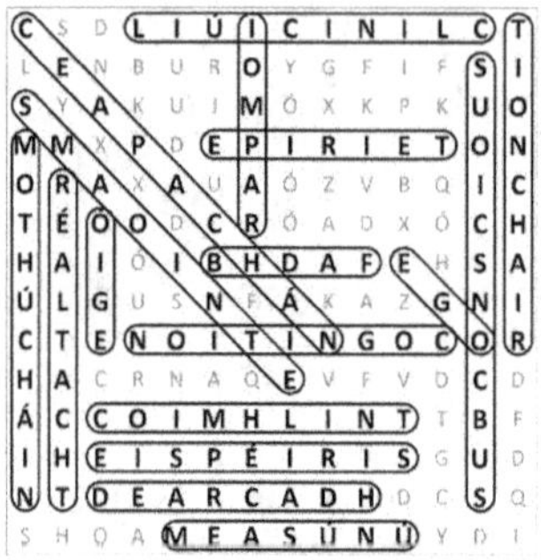

90 - Math

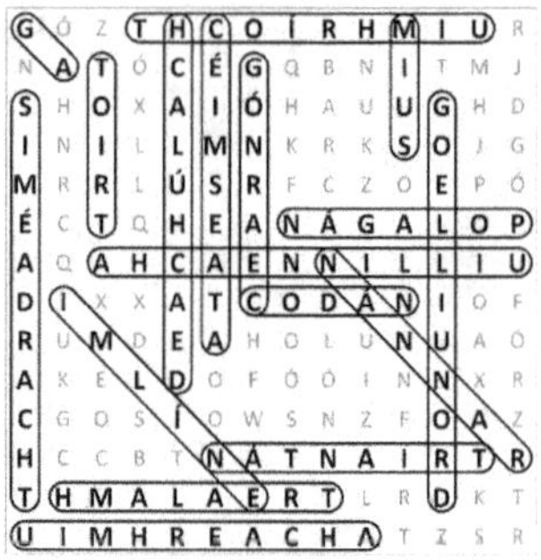

91 - Water

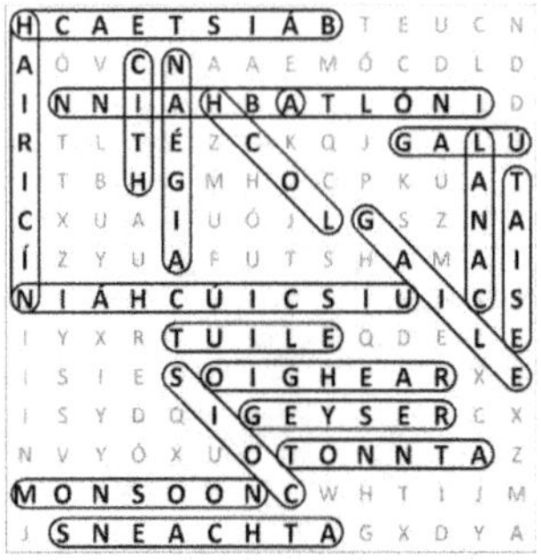

92 - Activities

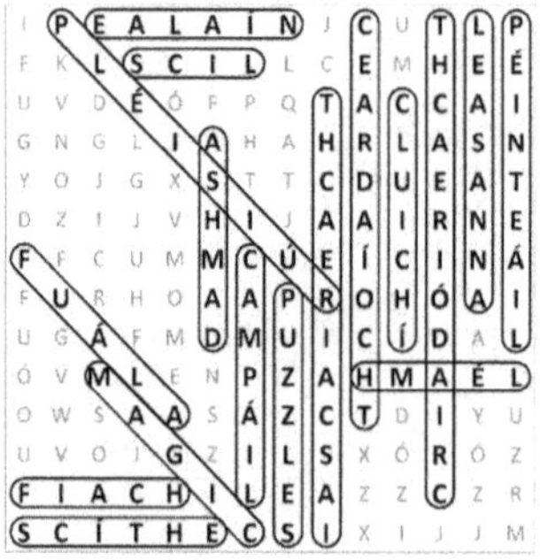

93 - Business

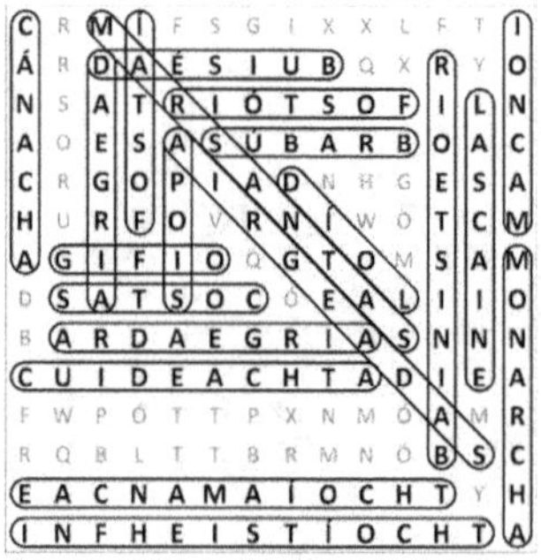

94 - Literature

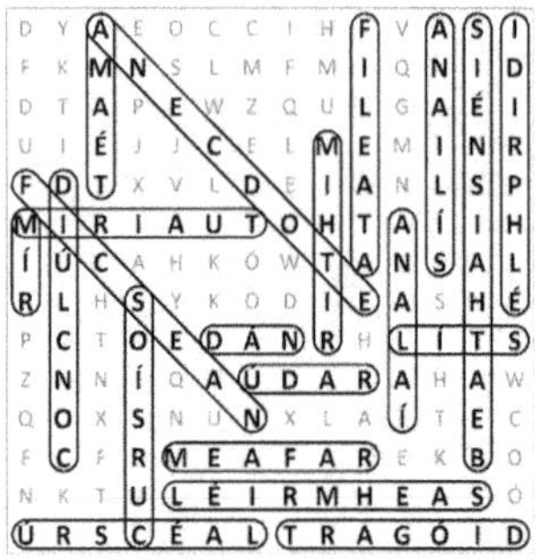

95 - Geography

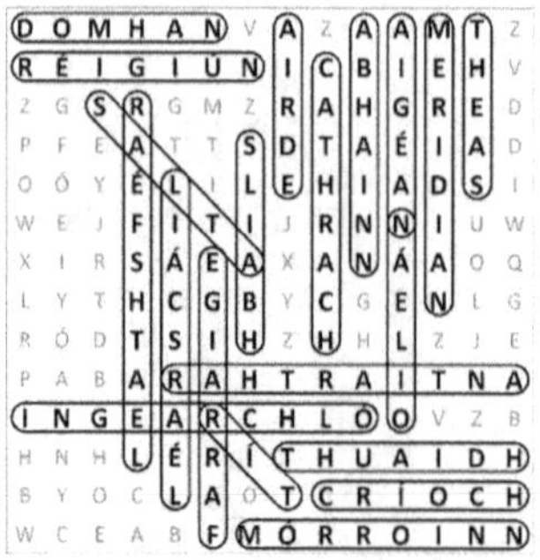

96 - Pets

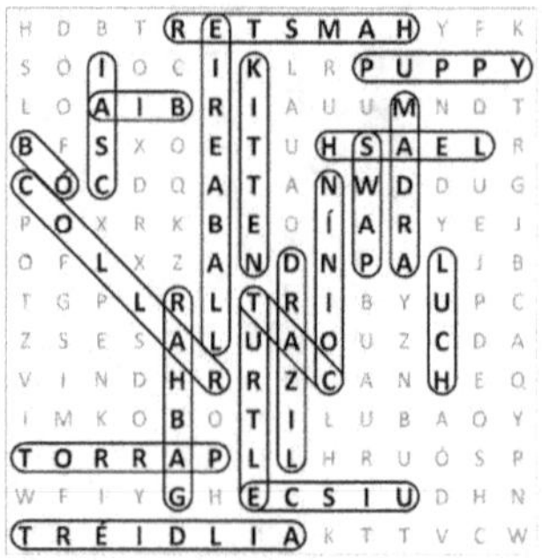

97 - Jazz

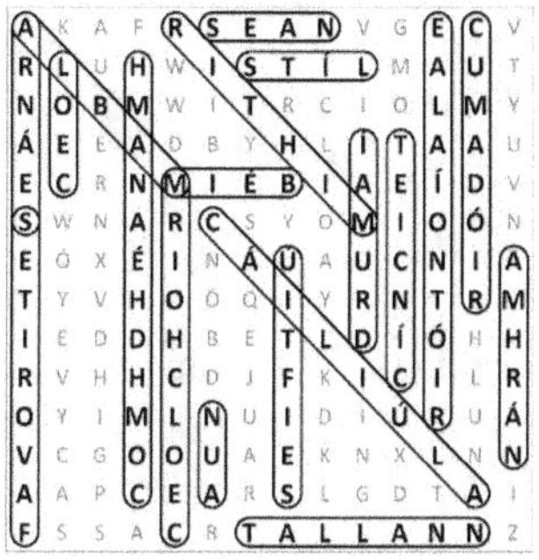

98 - Nature

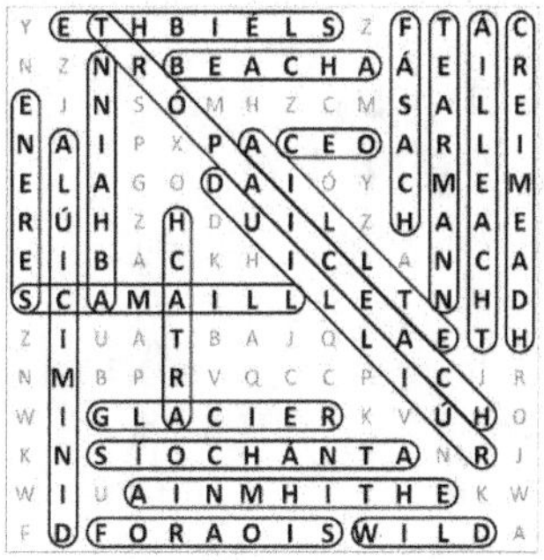

99 - Vacation #2

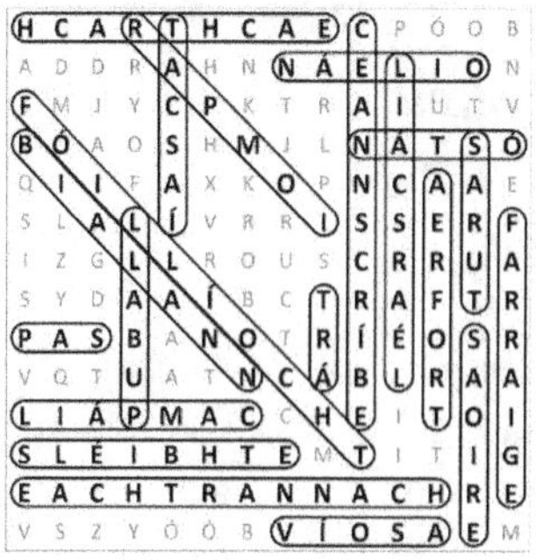

100 - Electricity

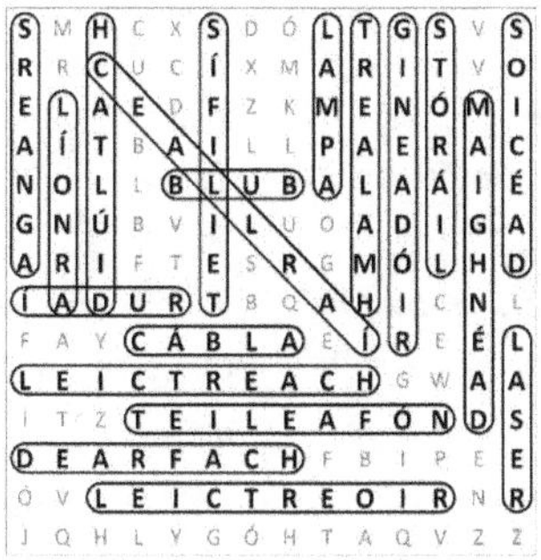

Dictionary

Activities
Gníomhaíochtaí

Activity	Gníomhaíocht
Art	Ealaín
Camping	Campáil
Ceramics	Criadóireacht
Crafts	Ceardaíocht
Dancing	Damhsa
Fishing	Iascaireacht
Games	Cluichí
Hunting	Fiach
Interests	Leasanna
Leisure	Fóillíocht
Magic	Magic
Painting	Péinteáil
Pleasure	Pléisiúr
Puzzles	Puzzles
Reading	Léamh
Relaxation	Scíthe
Sewing	Fuála
Skill	Scil

Adjectives #1
Aidiachtaí # 1

Absolute	Iomlán
Ambitious	Uaillmhianach
Aromatic	Aramatacha
Artistic	Ealaíne
Attractive	Tarraingteach
Beautiful	Álainn
Dark	Dark
Exotic	Coimhthíocha
Generous	Flaithiúil
Happy	Shona
Heavy	Trom
Helpful	Cabhrach
Honest	Macánta
Huge	Ollmhór
Identical	Comhionann
Important	Tábhachtach
Serious	Tromchúiseach
Slow	Mall
Thin	Tanaí
Valuable	Luachmhar

Adjectives #2
Aidiachtaí # 2

Authentic	Barántúla
Creative	Cruthaitheach
Descriptive	Tuairisciúil
Dry	Tirim
Elegant	Galánta
Famous	Cáiliúla
Gifted	Cumasach
Healthy	Sláintiúil
Hot	Te
Hungry	Ocras
Interesting	Suimiúil
Natural	Nádúrtha
New	Nua
Productive	Táirge
Proud	Bródúil As
Responsible	Freagrach
Salty	Goirt Amháin
Sleepy	Codladh
Strong	Láidir
Wild	Wild

Adventure
Eachtraíochta

Activity	Gníomhaíocht
Beauty	Áilleacht
Bravery	Crógacht
Challenges	Dúshláin
Chance	Seans
Dangerous	Contúirteach
Destination	Ceann Scríbe
Difficulty	Deacracht
Enthusiasm	Díograis
Excursion	Excursion
Itinerary	Itinerary
Joy	Áthas
Nature	Nádúr
Navigation	Nascleanúint
New	Nua
Opportunity	Deis
Preparation	Ullmhú
Safety	Sábháilteacht
Surprising	Iontas
Unusual	Neamhghnách

Airplanes
Eitleáin

Adventure	Eachtraíochta
Air	Aer
Atmosphere	Atmaisféar
Balloon	Balún
Construction	Tógáil
Crew	Criú
Descent	Sliocht
Design	Dearadh
Direction	Treo
Engine	Inneall
Fuel	Breosla
Height	Airde
History	Stair
Hydrogen	Hidrigin
Landing	Talamh
Passenger	Paisinéirí
Pilot	Píolótach
Propellers	Liáin
Sky	Sky
Turbulence	Suaiteacht

Algebra
Ailgéabar

Diagram	Léaráid
Division	Rannán
Equation	Trealamh
Exponent	Easpónant
Factor	Fachtóir
False	Bréagach
Formula	Foirmle
Fraction	Codán
Graph	Graf
Infinite	Gan Teorainn
Linear	Líneach
Matrix	Maitrís
Number	Líon
Parenthesis	Lúibíní
Problem	Fadhb
Simplify	Simpliú
Solution	Réiteach
Subtraction	Dealú
Variable	Athróg
Zero	Nialas

Antarctica
Antartaice

Bay	Bá
Birds	Éin
Clouds	Scamaill
Conservation	Caomhnú
Continent	Mór-Roinn
Cove	Cove
Environment	Comhshaol
Expedition	Expedition
Geography	Tíreolaíocht
Ice	Oighear
Islands	Oileáin
Migration	Míniú
Minerals	Mianraí
Penguins	Penguins
Peninsula	Leithinis
Researcher	Taighdeoir
Rocky	Rocky
Scientific	Eolaíoch
Temperature	Teocht
Water	Uisce

Antiques
Seandachtaí

Art	Ealaín
Auction	Ceant
Authentic	Barántúla
Century	Haois
Coins	Boinn
Collector	Bailitheoir
Condition	Coinníoll
Decorative	Maisiúil
Elegant	Galánta
Furniture	Troscán
Gallery	Gailearaí
Investment	Infheistíocht
Jewelry	Seodra
Old	Sean
Price	Praghas
Quality	Cáilíocht
Restoration	Athchóiriú
Style	Stíl
Unusual	Neamhghnách
Value	Luach

Archeology
Seandálaíocht

Analysis	Anailís
Ancient	Ársa
Antiquity	Antiquity
Bones	Cnámha
Civilization	Shibhialta
Descendant	Shliocht
Era	Ré
Evaluation	Meastóireacht
Expert	Saineolaí
Findings	Torthaí
Fossil	Iontaise
Fragments	Blúirí
Mystery	Mystery
Objects	Rudaí
Relic	Relic
Researcher	Taighdeoir
Team	Foireann
Temple	Teampall
Tomb	Tuama
Unknown	Anaithnid

Art Supplies
Soláthairtí Ealaíne

Acrylic	Aicrileach
Brushes	Scuaba
Camera	Ceamara
Chair	Cathaoirleach
Charcoal	Gualach
Clay	Cré
Colors	Dathanna
Crayons	Criáin
Easel	Easel
Eraser	Scriosán
Glue	Gliú
Ideas	Smaointe
Ink	Dúch
Oil	Ola
Paints	Péinteanna
Paper	Páipéar
Pastels	Pastail
Table	Tábla
Water	Uisce

Astronomy
Réalteolaíocht

Asteroid	Astaróideach
Astronaut	Spásaire
Astronomer	Réalteolaí
Constellation	Réaltbhuíon
Cosmos	Cosmos
Earth	Domhan
Eclipse	Eclipse
Equinox	Equinox
Galaxy	Réaltra
Meteor	Meteor
Moon	Gealach
Nebula	Nebula
Observatory	Réadlann
Planet	Planet
Radiation	Radaíocht
Rocket	Rocket
Satellite	Satailíte
Sky	Sky
Supernova	Supernova
Zodiac	Stoidiaca

Barbecues
Barbecues

Chicken	Sicín
Children	Leanaí
Dinner	Dinnéar
Family	Teaghlaigh
Food	Bia
Forks	Forks
Fruit	Torthaí
Games	Cluichí
Grill	Grill
Hot	Te
Hunger	Ocras
Knives	Sceana
Lunch	Lón
Music	Ceol
Salads	Sailéid
Salt	Salann
Sauce	Anlann
Summer	Samhradh
Tomatoes	Trátaí
Vegetables	Glasraí

Beauty
Áilleacht

Charm	Charm
Color	Dath
Cosmetics	Cosmaidí
Curls	Curls
Elegance	Elegance
Elegant	Galánta
Fragrance	Cumhráin
Grace	Grace
Lipstick	Lipstick
Makeup	Makeup
Mascara	Mascara
Mirror	Scáthán
Oils	Olaí
Photogenic	Photogenic
Products	Táirgí
Scissors	Siosúr
Services	Seirbhísí
Shampoo	Shampoo
Skin	Craiceann
Stylist	Stylist

Bees
Beacha

Beneficial	Tairbheach
Blossom	Blossom
Diversity	Éagsúlacht
Ecosystem	Éiceachóras
Flowers	Bláthanna
Food	Bia
Fruit	Torthaí
Garden	Gairdín
Habitat	Gnáthóg
Hive	Hive
Honey	Mil
Insect	Feithidí
Plants	Plandaí
Pollen	Pailin
Pollinator	Pollinator
Queen	Banríon
Smoke	Deataigh
Sun	Sun
Swarm	Swarm
Wax	Céir

Birds
Éin

Canary	Canáil
Chicken	Sicín
Crow	Crow
Cuckoo	Cuach
Dove	Dove
Duck	Duck
Eagle	Eagle
Egg	Ubh
Flamingo	Flamingo
Goose	Gé
Heron	Heron
Ostrich	Ostrich
Parrot	Parrot
Peacock	Peacock
Pelican	Pelican
Penguin	Penguin
Sparrow	Sparrow
Stork	Stork
Swan	Eala
Toucan	Toucan

Boats
Báid

Anchor	Ancaire
Buoy	Baoi
Canoe	Canoe
Crew	Criú
Dock	Duga
Engine	Inneall
Ferry	Ferry
Kayak	Cadhc
Lake	Loch
Mast	Crann
Nautical	Nautical
Ocean	Aigéan
Raft	Raft
River	Abhainn
Rope	Téad
Sailboat	Sailboat
Sailor	Seoltóir
Sea	Farraige
Tide	Tide
Yacht	Luamh

Books
Leabhair

Adventure	Eachtraíochta
Author	Údar
Collection	Bailiú
Context	Comhthéacs
Duality	Dúbailteacht
Epic	Epic
Historical	Stairiúil
Humorous	Humorous
Inventive	Airgtheach
Literary	Liteartha
Novel	Úrscéal
Page	Leathanach
Poem	Dán
Poetry	Filíocht
Reader	Léitheoir
Relevant	Ábhartha
Series	Sraith
Story	Scéal
Tragic	Tragóideach
Written	Scríofa

Boxing
Dornálaíocht

Bell	Bell
Body	Comhlacht
Chin	Smig
Corner	Cúinne
Elbow	Elbow
Exhausted	Ídithe
Fighter	Trodaire
Fist	Fist
Focus	Fócas
Gloves	Lámhainní
Injuries	Gortuithe
Kick	Ciceáil
Opponent	Comhraic
Points	Pointí
Quick	Tapa
Recovery	Téarnamh
Referee	Réiteoir
Ropes	Rópaí
Skill	Scil
Strength	Neart

Buildings
Foirgnimh

Apartment	Árasán
Barn	Barn
Cabin	Cábán
Castle	Caisleán
Cinema	Pictiúrlann
Embassy	Ambasáid
Factory	Monarcha
Hospital	Ospidéal
Hostel	Brú
Hotel	Óstán
Laboratory	Saotharlann
Museum	Músaem
Observatory	Réadlann
School	Scoil
Stadium	Staidiam
Supermarket	Ollmhargadh
Tent	Puball
Theater	Amharclann
Tower	Túr
University	Ollscoil

Business
Gnó

Budget	Buiséad
Company	Cuideachta
Cost	Costas
Currency	Airgeadra
Discount	Lascaine
Economics	Eacnamaíocht
Employee	Fostaí
Employer	Fostóir
Factory	Monarcha
Finance	Airgeadas
Income	Ioncam
Investment	Infheistíocht
Manager	Bainisteoir
Merchandise	Marsantas
Money	Airgead
Office	Oifig
Profit	Brabús
Sale	Díol
Shop	Siopa
Taxes	Cánacha

Camping
Camping

Adventure	Eachtraíochta
Animals	Ainmhithe
Cabin	Cábán
Canoe	Canoe
Compass	Compás
Fire	Dóiteáin
Forest	Foraois
Fun	Spraoi
Hammock	Hammock
Hat	Hata
Hunting	Fiach
Insect	Feithidí
Lake	Loch
Map	Léarscáil
Moon	Gealach
Mountain	Sliabh
Nature	Nádúr
Rope	Téad
Tent	Puball
Trees	Crainn

Chemistry
Ceimic

Acid	Aigéad
Alkaline	Alcaileach
Atomic	Adamhach
Carbon	Carbón
Catalyst	Catalaíoch
Chlorine	Clóirín
Electron	Leictreon
Enzyme	Einsím
Gas	Gás
Heat	Teas
Hydrogen	Hidrigin
Ion	Ion
Liquid	Leacht
Molecule	Móilín
Nuclear	Núicléach
Organic	Orgánach
Oxygen	Ocsaigin
Salt	Salann
Temperature	Teocht
Weight	Meáchan

Circus
Siorcas

Acrobat	Acrobat
Animals	Ainmhithe
Balloons	Balúin
Candy	Candy
Clown	Clown
Costume	Éadaí
Elephant	Eilifint
Entertain	Siamsaíocht
Juggler	Juggler
Lion	Lion
Magic	Magic
Magician	Magician
Monkey	Moncaí
Music	Ceol
Parade	Paráid
Show	Taispeáin
Spectacular	Iontach
Tent	Puball
Tiger	Tíogair
Trick	Trick

Clothes
Éadaí

Apron	Naprún
Belt	Crios
Blouse	Blús
Bracelet	Bracelet
Coat	Cóta
Dress	Gúna
Fashion	Faisean
Gloves	Lámhainní
Hat	Hata
Jacket	Jacket
Jeans	Jeans
Jewelry	Seodra
Pajamas	Pajamas
Pants	Pants
Sandals	Sandals
Scarf	Scairf
Shirt	Léine
Shoe	Bróg
Skirt	Sciorta
Sweater	Geansaí

Coffee
Caife

Acidic	Aigéadach
Aroma	Aroma
Beverage	Dí
Bitter	Searbh
Black	Dubh
Caffeine	Caiféin
Cream	Uachtar
Cup	Cupán
Filter	Scag
Flavor	Blas
Grind	Meilt
Liquid	Leacht
Milk	Bainne
Morning	Maidin
Price	Praghas
Roasted	Rósta
Sugar	Siúcra
Variety	Éagsúlacht
Water	Uisce

Colors
Dathanna

Azure	Azure
Beige	Beige
Black	Dubh
Blue	Gorm
Brown	Brown
Cyan	Cyan
Fuchsia	Fuchsia
Green	Glas
Grey	Gray
Indigo	Indigo
Magenta	Magenta
Orange	Oráiste
Pink	Bándearg
Purple	Corcra
Red	Dearg
Sepia	Sepia
Violet	Violet
White	Bán
Yellow	Buí

Countries #1
Tíortha # 1

Brazil	An Bhrasaíl
Canada	Ceanada
Egypt	An Éigipt
Finland	An Fhionlainn
Germany	An Ghearmáin
India	An India
Iraq	An Iaráic
Israel	Iosrael
Italy	An Iodáil
Latvia	An Laitvia
Libya	Libia
Morocco	Maracó
Nicaragua	Nicearagua
Norway	An Iorua
Panama	Panama
Poland	An Pholainn
Romania	An Rómáin
Spain	An Spáinn
Venezuela	Veiniséala
Vietnam	Vítneam

Countries #2
Tíortha # 2

Albania	An Albáin
Denmark	An Danmhairg
Ethiopia	An Aetóip
Greece	An Ghréig
Haiti	Háítí
Jamaica	Iamáice
Japan	An Tseapáin
Laos	Laos
Lebanon	An Liobáin
Liberia	An Libéir
Mexico	Meicsiceo
Nepal	Neipeal
Nigeria	An Nigéir
Pakistan	Phacastáin
Russia	Rúis
Somalia	An Tsomáil
Sudan	An Tsúdáin
Syria	Tsiria
Uganda	Uganda
Ukraine	Úcráin

Creativity
Cruthaitheacht

Artistic	Ealaíne
Authenticity	Barántúlacht
Changing	Athrú
Clarity	Soiléireacht
Dramatic	Drámatúil
Emotions	Mothúcháin
Expression	Léiriú
Fluidity	Fluidity
Ideas	Smaointe
Image	Íomhá
Imagination	Samhlaíocht
Impression	Tuiscint
Inspiration	Inspioráid
Intensity	Déine
Intuition	Intuition
Inventive	Airgtheach
Skill	Scil
Spontaneous	Spontáineach
Visions	Físeanna
Vitality	Bheocht

Days and Months
Laethanta Agus Míonna

April	Aibreán
August	Lúnasa
Calendar	Féilire
February	Feabhra
Friday	Dé Haoine
January	Eanáir
July	Iúil
March	Márta
May	Bealtaine
Monday	Dé Luain
Month	Mí
November	Samhain
Saturday	Dé Sathairn
September	Meán Fómhair
Sunday	Dé Domhnaigh
Thursday	Déardaoin
Tuesday	Dé Máirt
Wednesday	Dé Céadaoin
Week	Seachtain
Year	Bliain

Diplomacy
Taidhleoireacht

Adviser	Comhairleoir
Ambassador	Ambasadóir
Citizens	Saoránaigh
Civic	Cathartha
Community	Pobal
Conflict	Coimhlint
Cooperation	Comhar
Discussion	Plé
Embassy	Ambasáid
Ethics	Eitic
Foreign	Eachtrach
Government	Rialtas
Humanitarian	Daonnúla
Integrity	Ionracas
Justice	Ceartas
Politics	Polaití
Resolution	Rún
Security	Slándáil
Solution	Réiteach
Treaty	Conradh

Driving
Tiomána

Accident	Timpiste
Brakes	Coscáin
Car	Carr
Danger	Contúirt
Driver	Tiománaí
Fuel	Breosla
Garage	Garáiste
Gas	Gás
License	Ceadúnas
Map	Léarscáil
Motor	Mótar
Motorcycle	Gluaisrothar
Pedestrian	Coisithe
Police	Póilíní
Road	Bóthar
Safety	Sábháilteacht
Speed	Luas
Traffic	Trácht
Truck	Truck
Tunnel	Tollán

Electricity
Leictreachas

Battery	Ceallraí
Bulb	Bulb
Cable	Cábla
Electric	Leictreach
Electrician	Leictreoir
Equipment	Trealamh
Generator	Gineadóir
Lamp	Lampa
Laser	Laser
Magnet	Maighnéad
Negative	Diúltach
Network	Líonra
Objects	Rudaí
Positive	Dearfach
Socket	Soicéad
Storage	Stóráil
Telephone	Teileafón
Television	Teilifís
Wires	Sreanga

Energy
Fuinneamh

Battery	Ceallraí
Carbon	Carbón
Diesel	Diesel
Electric	Leictreach
Electron	Leictreon
Engine	Inneall
Entropy	Eantrópachta
Environment	Comhshaol
Fuel	Breosla
Gasoline	Gásailín
Heat	Teas
Hydrogen	Hidrigin
Industry	Tionscal
Motor	Mótar
Nuclear	Núicléach
Photon	Photon
Pollution	Truailliú
Renewable	In-Athnuaite
Turbine	Tuirbín
Wind	Gaoithe

Engineering
Innealtóireacht

Angle	Uillinn
Axis	Ais
Calculation	Ríomh
Construction	Tógáil
Depth	Doimhneacht
Diagram	Léaráid
Diameter	Trastomhas
Diesel	Diesel
Distribution	Dáileadh
Energy	Fuinneamh
Engine	Inneall
Gears	Gears
Levers	Luamháin
Liquid	Leacht
Machine	Meaisín
Measurement	Tomhas
Motor	Mótar
Stability	Cobhsaíocht
Strength	Neart
Structure	Struchtúr

Family
Teaghlaigh

Ancestor	Sinsear
Aunt	Aintín
Brother	Deartháir
Child	Leanaí
Childhood	Óige
Cousin	Col Ceathrar
Daughter	Iníon
Father	Athair
Grandchild	Garleanbh
Grandfather	Seanathair
Grandmother	Seanmháthair
Grandson	Ua
Husband	Fear Céile
Maternal	Ábhar
Mother	Máthair
Nephew	Nia
Niece	Neacht
Paternal	Paternal
Sister	Deirfiúr
Uncle	Uncail

Farm #1
Feirme #1

Agriculture	Talmhaíocht
Bee	Bee
Bison	Bison
Calf	Lao
Cat	Cat
Chicken	Sicín
Cow	Bó
Crow	Crow
Dog	Madra
Donkey	Donkey
Fence	Fál
Fertilizer	Leasachán
Field	Réimse
Goat	Gabhar
Hay	Hay
Honey	Mil
Horse	Capall
Rice	Rís
Seeds	Síolta
Water	Uisce

Farm #2
Feirme #2

Animals	Ainmhithe
Barley	Eorna
Barn	Barn
Corn	Arbhar
Duck	Duck
Farmer	Feirmeoir
Food	Bia
Fruit	Torthaí
Irrigation	Uisciúcháin
Lamb	Lamb
Llama	Llama
Meadow	Meadow
Milk	Bainne
Orchard	Orchard
Sheep	Caoirigh
Shepherd	Aoire
Tractor	Tarracóir
Vegetable	Glasraí
Wheat	Cruithneacht
Windmill	Windmill

Flowers
Bláthanna

Bouquet	Bouquet
Calendula	Calendula
Clover	Seamair
Daisy	Daisy
Dandelion	Dandelion
Gardenia	Gardenia
Hibiscus	Hibiscus
Jasmine	Jasmine
Lavender	Lavender
Lilac	Lilac
Lily	Lily
Magnolia	Magnolia
Orchid	Úlloird
Passionflower	Passionflower
Peony	Peony
Petal	Petal
Plumeria	Plumeria
Poppy	Poppy
Sunflower	Lus na Gréine
Tulip	Tiúilip

Food #1
Bia # 1

Apricot	Aibreog
Barley	Eorna
Basil	Basil
Carrot	Cairéad
Cinnamon	Cainéil
Garlic	Gairleog
Juice	Sú
Lemon	Lemon
Milk	Bainne
Onion	Oinniún
Peanut	Peanut
Pear	Piorra
Salad	Sailéad
Salt	Salann
Soup	Anraith
Spinach	Spionáiste
Strawberry	Sútha Talún
Sugar	Siúcra
Tuna	Tuinnín
Turnip	Tornapa

Food #2
Bia # 2

Apple	Apple
Artichoke	Artichoke
Banana	Banana
Broccoli	Brocailí
Celery	Soilire
Cheese	Cáis
Cherry	Cherry
Chicken	Sicín
Chocolate	Seacláid
Egg	Ubh
Eggplant	Eggplant
Fish	Iasc
Grape	Fíonchaor
Ham	Ham
Kiwi	Kiwi
Mushroom	Beacán
Rice	Rís
Tomato	Trátaí
Wheat	Cruithneacht
Yogurt	Iógart

Force and Gravity
Bhfeidhm Agus Domhantarr

Axis	Ais
Center	Ionad
Distance	Fad
Dynamic	Dinimiciúla
Expansion	Leathnú
Impact	Tionchar
Magnetism	Maighnéadas
Magnitude	Méid
Mechanics	Meicnic
Momentum	Móiminteam
Motion	Tairiscint
Orbit	Orbit
Physics	Fisic
Planets	Pláinéid
Pressure	Brú
Properties	Airíonna
Speed	Luas
Time	Am
Universal	Uilíoch
Weight	Meáchan

Fruit
Torthaí

Apple	Apple
Apricot	Aibreog
Avocado	Avocado
Banana	Banana
Berry	Berry
Cherry	Cherry
Coconut	Cnó Cócó
Fig	Fig
Grape	Fíonchaor
Guava	Guava
Kiwi	Kiwi
Lemon	Lemon
Mango	Mango
Melon	Melon
Nectarine	Nectarine
Papaya	Papaya
Peach	Peach
Pear	Piorra
Pineapple	Pineapple
Raspberry	Sú Craobh

Furniture
Troscán

Armoire	Armoire
Bed	Leaba
Bench	Binse
Bookcase	Leabhragán
Chair	Cathaoirleach
Comforters	Comforters
Couch	Couch
Curtains	Cuirtíní
Cushions	Cúisíní
Desk	Deasc
Dresser	Dresser
Futon	Futon
Hammock	Hammock
Lamp	Lampa
Mattress	Tocht
Mirror	Scáthán
Pillow	Pillow
Rug	Rug
Shelves	Seilfeanna

Garden
Gairdín

Bench	Binse
Bush	Bush
Fence	Fál
Flower	Bláth
Garage	Garáiste
Garden	Gairdín
Grass	Féar
Hammock	Hammock
Hose	Hose
Lawn	Lawn
Orchard	Orchard
Pond	Lochán
Porch	Porch
Rake	Rake
Shovel	Sluasaid
Terrace	Ardán
Trampoline	Trampoline
Tree	Crann
Vine	Vine
Weeds	Fiailí

Gardening
Garraíodóireacht

Blossom	Blossom
Botanical	Luibheolaíoch
Bouquet	Bouquet
Climate	Aeráide
Compost	Múirín
Container	Coimeádán
Dirt	Dirt
Edible	Inite
Exotic	Coimhthíocha
Floral	Floral
Foliage	Duilliúr
Hose	Hose
Leaf	Duille
Moisture	Taise
Orchard	Orchard
Seasonal	Séasúrach
Seeds	Síolta
Soil	Ithir
Water	Uisce

Geography
Tíreolaíocht

Altitude	Airde
Atlas	Atlas
City	Cathrach
Continent	Mór-Roinn
Country	Tír
Elevation	Ingearchló
Hemisphere	Leathsféar
Island	Oileán
Map	Léarscáil
Meridian	Meridian
Mountain	Sliabh
North	Thuaidh
Ocean	Aigéan
Region	Réigiún
River	Abhainn
Sea	Farraige
South	Theas
Territory	Críoch
West	An Tiarthar
World	Domhan

Geology
Geolaíocht

Acid	Aigéad
Calcium	Cailciam
Cavern	Cavern
Continent	Mór-Roinn
Coral	Coral
Crystals	Criostail
Cycles	Timthriallta
Earthquake	Crith Talún
Erosion	Creimeadh
Fossil	Iontaise
Geyser	Geyser
Lava	Lava
Layer	Ciseal
Minerals	Mianraí
Plateau	Plateau
Quartz	Grianchloch
Salt	Salann
Stalactite	Stalactite
Stone	Cloch
Volcano	Bolcán

Geometry
Céimseata

Angle	Uillinn
Calculation	Ríomh
Circle	Ciorcal
Curve	Cuar
Diameter	Trastomhas
Dimension	Gné
Equation	Trealamh
Height	Airde
Horizontal	Cothrománach
Logic	Loighic
Mass	Aifreann
Median	Airmheán
Number	Líon
Parallel	Comhthreomhar
Proportion	Cion
Segment	Deighleog
Surface	Dromchla
Symmetry	Siméadracht
Theory	Teoiric
Triangle	Triantán

Government
Rialtas

Citizenship	Saoránacht
Civil	Sibhialta
Constitution	Bunreacht
Democracy	Democracacht
Discussion	Plé
Dissent	Easaontú
District	Dúiche
Equality	Comhionannas
Judicial	Breithiúnach
Justice	Ceartas
Law	Dlí
Leader	Leader
Legal	Dlíthiúil
Liberty	Saoirse
Nation	Náisiún
Peaceful	Síochánta
Politics	Polaití
Speech	Óráid
State	Stát
Symbol	Siombail

Hair Types
Cineálacha Gruaige

Bald	Bald
Black	Dubh
Blond	Blond
Braided	Braided
Braids	Braid
Brown	Brown
Colored	Daite
Curls	Curls
Curly	Curly
Dry	Tirim
Gray	Liath
Healthy	Sláintiúil
Long	Fada
Shiny	Lonrach
Short	Gearr
Soft	Bog
Thick	Tiubh
Thin	Tanaí
Wavy	Wavy
White	Bán

Health and Wellness #1
Sláinte Agus Folláine # 1

Active	Gníomhach
Bacteria	Baictéir
Bones	Cnámha
Clinic	Clinic
Doctor	Dochtúir
Fracture	Briste
Habit	Nós
Height	Airde
Hormones	Hormóin
Hunger	Ocras
Medicine	Leigheas
Muscles	Matáin
Nerves	Nerves
Pharmacy	Cógaslann
Reflex	Reflex
Relaxation	Scíthe
Skin	Craiceann
Therapy	Teiripe
Treatment	Cóireáil
Virus	Víreas

Health and Wellness #2
Sláinte Agus Folláine # 2

Allergy	Ailléirge
Anatomy	Anatamaíocht
Appetite	Appetite
Blood	Bia
Calorie	Calorie
Dehydration	Dehydration
Diet	Aiste Bia
Disease	Galar
Energy	Fuinneamh
Genetics	Géineolaíocht
Healthy	Sláintiúil
Hospital	Ospidéal
Hygiene	Sláinteachas
Infection	Ionfhabhtú
Massage	Massage
Nutrition	Cothú
Recovery	Téarnamh
Stress	Strus
Vitamin	Vitimín
Weight	Meáchan

Herbalism
Luibheolaíocht

Aromatic	Aramatacha
Basil	Basil
Beneficial	Tairbheach
Culinary	Cócaireachta
Fennel	Fennel
Flavor	Blas
Flower	Bláth
Garden	Gairdín
Garlic	Gairleog
Green	Glas
Ingredient	Comhábhar
Lavender	Lavender
Marjoram	Marjoram
Mint	Mint
Oregano	Oregano
Parsley	Peirsil
Plant	Plandaí
Rosemary	Rosemary
Saffron	Saffron
Tarragon	Tarragon

Hiking
Fánaíocht

Animals	Ainmhithe
Boots	Buataisí
Camping	Campáil
Cliff	Aill
Climate	Aeráide
Guides	Treoracha
Hazards	Guaiseacha
Heavy	Trom
Map	Léarscáil
Mosquitoes	Mosquitoes
Mountain	Sliabh
Nature	Nádúr
Parks	Páirceanna
Preparation	Ullmhú
Stones	Clocha
Sun	Sun
Tired	Tuirseach
Water	Uisce
Wild	Wild

House
Teach

Attic	Attic
Broom	Broom
Curtains	Cuirtíní
Door	Doras
Fence	Fál
Fireplace	Teallach
Floor	Urlár
Furniture	Troscán
Garage	Garáiste
Garden	Gairdín
Keys	Eochracha
Kitchen	Cistin
Lamp	Lampa
Library	Leabharlann
Mirror	Scáthán
Roof	Díon
Room	Seomra
Shower	Cith
Wall	Balla
Window	Fuinneog

Human Body
Daonna Comhlacht

Ankle	Rúitín
Blood	Bia
Bones	Cnámha
Brain	Inchinn
Chin	Smig
Ear	Cluaise
Elbow	Elbow
Face	Aghaidh
Finger	Finger
Hand	Lámh
Head	Ceann
Heart	Croí
Jaw	Jaw
Knee	Glúin
Leg	Cos
Mouth	Béal
Neck	Muineál
Nose	Srón
Shoulder	Gualainn
Skin	Craiceann

Insects
Feithidí

Ant	Ant
Aphid	Aphid
Bee	Bee
Beetle	Ciaróg
Butterfly	Féileacán
Cicada	Cicada
Cockroach	Cockroach
Dragonfly	Dragonfly
Flea	Flea
Gnat	Gnat
Grasshopper	Grasshopper
Hornet	Hornet
Ladybug	Ladybug
Larva	Larva
Locust	Locust
Mantis	Mantis
Mosquito	Mosquito
Termite	Termite
Wasp	Bap
Worm	Worm

Jazz
Snagcheol

Album	Albam
Artist	Ealaíontóir
Composer	Cumadóir
Composition	Comhdhéanamh
Concert	Ceolchoirm
Drums	Drumaí
Emphasis	Béim
Famous	Cáiliúla
Favorites	Favorites
Genre	Seánra
Improvisation	Seiftiú
Music	Ceol
New	Nua
Old	Sean
Orchestra	Ceolfhoireann
Rhythm	Rithim
Song	Amhrán
Style	Stíl
Talent	Tallann
Technique	Teicníc

Kitchen
Cistine

Apron	Naprún
Bowl	Bowl
Chopsticks	Chopsticks
Cups	Cupáin
Food	Bia
Forks	Forks
Freezer	Reoiteoir
Grill	Grill
Jar	Jar
Jug	Crúiscín
Kettle	Citeal
Knives	Sceana
Ladle	Ladle
Napkin	Napkin
Oven	Oigheann
Recipe	Oideas
Refrigerator	Cuisneoir
Spices	Spíosraí
Sponge	Spúinse
Spoons	Spúnóga

Landscapes
Tírdhreacha

Beach	Trá
Cave	Uaimh
Desert	Fásach
Geyser	Geyser
Glacier	Glacier
Hill	Cnoc
Iceberg	Iceberg
Island	Oileán
Lake	Loch
Mountain	Sliabh
Oasis	Oasis
Ocean	Aigéan
Peninsula	Leithinis
River	Abhainn
Sea	Farraige
Swamp	Swamp
Tundra	Tundra
Valley	Valley
Volcano	Bolcán
Waterfall	Eas

Literature
Litríocht

Analogy	Analaí
Analysis	Anailís
Anecdote	Anecdote
Author	Údar
Biography	Beathaisnéis
Conclusion	Conclúid
Critique	Léirmheas
Description	Cur Síos
Dialogue	Idirphlé
Fiction	Ficsean
Metaphor	Meafar
Novel	Úrscéal
Opinion	Tuairim
Poem	Dán
Poetic	Fileata
Rhyme	Rím
Rhythm	Rithim
Style	Stíl
Theme	Téama
Tragedy	Tragóid

Mammals
Mamaigh

Bear	Bear
Beaver	Beaver
Bull	Bull
Cat	Cat
Coyote	Coyote
Dog	Madra
Dolphin	Deilf
Elephant	Eilifint
Fox	Fox
Giraffe	Sioráf
Gorilla	Gorilla
Horse	Capall
Kangaroo	Kangaroo
Lion	Lion
Monkey	Moncaí
Rabbit	Coinín
Sheep	Caoirigh
Whale	Míol Mór
Wolf	Mac Tíre
Zebra	Zebra

Math
Math

Angles	Uillinneacha
Arithmetic	Uimhríocht
Circumference	Imlíne
Decimal	Deachúlach
Diameter	Trastomhas
Division	Rannán
Equation	Trealamh
Exponent	Easpónant
Fraction	Codán
Geometry	Céimseata
Numbers	Uimhreacha
Parallel	Comhthreomhar
Polygon	Polagán
Radius	Ga
Rectangle	Dronuilleog
Square	Cearnóg
Sum	Suim
Symmetry	Siméadracht
Triangle	Triantán
Volume	Toirt

Measurements
Tomhais

Byte	Byte
Centimeter	Ceintiméadar
Decimal	Deachúlach
Degree	Céim
Depth	Doimhneacht
Gram	Gram
Height	Airde
Inch	Orlach
Kilogram	Cileagram
Kilometer	Ciliméadar
Length	Fad
Liter	Lítear
Mass	Aifreann
Meter	Méadar
Minute	Nóiméad
Ounce	Ounce
Ton	Ton
Volume	Toirt
Weight	Meáchan
Width	Leithead

Meditation
Meditation

Acceptance	Glacadh
Attention	Aird
Awake	Awake
Calm	Calma
Clarity	Soiléireacht
Compassion	Trua
Emotions	Mothúcháin
Gratitude	Buíochas
Habits	Nósanna
Happiness	Sonas
Insight	Léargas
Kindness	Cineáltas
Mental	Meabhrach
Mind	Mind
Movement	Gluaiseacht
Music	Ceol
Nature	Nádúr
Peace	Síocháin
Silence	Tost
Thoughts	Smaointe

Music
Ceol

Album	Albam
Ballad	Ballad
Chorus	Chorus
Classical	Clasaiceach
Eclectic	Eclectic
Harmonic	Harmonic
Harmony	Harmony
Lyrical	Lyrical
Melody	Melody
Microphone	Micreafón
Musical	Ceol
Musician	Ceoltóir
Opera	Ceoldráma
Poetic	Fileata
Recording	Taifeadadh
Rhythm	Rithim
Rhythmic	Rithimeach
Sing	Chanadh
Singer	Amhránaí
Vocal	Vocal

Musical Instruments
Ionstraimí Ceoil

Banjo	Banjo
Bassoon	Bassoon
Cello	Cello
Chimes	Chimes
Clarinet	Clarinet
Drum	Droim
Flute	Fliúit
Gong	Gong
Guitar	Giotár
Harp	Cláirseach
Mandolin	Mandolin
Marimba	Marimba
Oboe	Oboe
Percussion	Cnaguirlisí
Piano	Pianó
Saxophone	Saxophone
Tambourine	Tambourine
Trombone	Trombone
Trumpet	Trumpa
Violin	Veidhlín

Mythology
Miotaseolaíocht

Archetype	Archetype
Behavior	Iompar
Beliefs	Creidimh
Creation	Cruthú
Creature	Créatúr
Culture	Cultúr
Deities	Deities
Disaster	Tubaiste
Heaven	Heaven
Hero	Laoch
Jealousy	Éad
Labyrinth	Labyrinth
Legend	Finscéal
Lightning	Tintreach
Monster	Monster
Mortal	Mortal
Revenge	Díoltas
Strength	Neart
Thunder	Thunder
Warrior	Trodaí

Nature
Nádúr

Animals	Ainmhithe
Arctic	Artach
Beauty	Áilleacht
Bees	Beacha
Cliffs	Aillte
Clouds	Scamaill
Desert	Fásach
Dynamic	Dinimiciúla
Erosion	Creimeadh
Fog	Ceo
Foliage	Duilliúr
Forest	Foraois
Glacier	Glacier
Mountains	Sléibhte
Peaceful	Síochánta
River	Abhainn
Sanctuary	Tearmann
Serene	Serene
Tropical	Trópaiceach
Wild	Wild

Numbers
Uimhreacha

Decimal	Deachúlach
Eight	Ocht
Eighteen	Ocht Déag
Five	Cúig
Four	Ceithre
Fourteen	A Ceathair
Math	Math
Nine	Naoi
Nineteen	Naoi Déag
One	Aon
Seven	Seacht
Seventeen	A Seacht Déag
Six	Sé
Sixteen	Sé Cinn Déag
Ten	Deich
Thirteen	Trí Cinn Déag
Three	Trí
Twenty	Fiche
Two	Dó
Zero	Nialas

Nutrition
Cothú

Appetite	Appetite
Balanced	Cothrom
Bitter	Searbh
Calories	Calories
Diet	Aiste Bia
Digestion	Díleá
Edible	Inite
Fermentation	Coipeadh
Flavor	Blas
Habits	Nósanna
Health	Sláinte
Healthy	Sláintiúil
Liquids	Leachtanna
Nutrient	Cothaitheach
Proteins	Próitéiní
Quality	Cáilíocht
Sauce	Anlann
Toxin	Tocsain
Vitamin	Vitimín
Weight	Meáchan

Ocean
Aigéan

Algae	Algaí
Coral	Coral
Crab	Portán
Dolphin	Deilf
Eel	Eascann
Fish	Iasc
Octopus	Octopus
Oyster	Oisrí
Reef	Reef
Salt	Salann
Seaweed	Feamainn
Shark	Roinn
Shrimp	Shrimp
Sponge	Spúinse
Storm	Storm
Tides	Taoidí
Tuna	Tuinnín
Turtle	Turtle
Waves	Tonnta
Whale	Míol Mór

Pets
Peataí

Cat	Cat
Collar	Collar
Cow	Bó
Dog	Madra
Fish	Iasc
Food	Bia
Goat	Gabhar
Hamster	Hamster
Kitten	Kitten
Leash	Leash
Lizard	Lizard
Mouse	Luch
Parrot	Parrot
Paws	Paws
Puppy	Puppy
Rabbit	Coinín
Tail	Eireaball
Turtle	Turtle
Veterinarian	Tréidlia
Water	Uisce

Philanthropy
Daonchairdeas

Challenges	Dúshláin
Children	Leanaí
Community	Pobal
Contacts	Teagmhálacha
Finance	Airgeadas
Funds	Cistí
Generosity	Flaithiúlacht
Global	Domhanda
Goals	Spriocanna
Groups	Grúpaí
History	Stair
Honesty	Macántacht
Humanity	Daonna
Mission	Misean
Need	Gá
People	Daoine
Programs	Cláir
Public	Poiblí
Youth	Óige

Physics
Fisic

Acceleration	Luasghéarú
Atom	Adamh
Chaos	Chaos
Chemical	Ceimiceach
Density	Dlús
Electron	Leictreon
Engine	Inneall
Formula	Foirmle
Frequency	Minicíocht
Gas	Gás
Magnetism	Maighnéadas
Mass	Aifreann
Mechanics	Meicnic
Molecule	Móilín
Nuclear	Núicléach
Particle	Páirt
Relativity	Relativity
Speed	Luas
Universal	Uilíoch
Velocity	Treoluas

Plants
Plandaí

Bamboo	Bambú
Bean	Bean
Berry	Berry
Blossom	Blossom
Bush	Bush
Cactus	Cactus
Fertilizer	Leasachán
Flora	Flóra
Flower	Bláth
Foliage	Duilliúr
Forest	Foraois
Garden	Gairdín
Grass	Féar
Ivy	Ivy
Moss	Mu
Petal	Petal
Root	Fréamh
Stem	Stem
Tree	Crann
Vegetation	Fásra

Professions #1
Gairmeacha # 1

Ambassador	Ambasadóir
Astronomer	Réalteolaí
Attorney	Aturnae
Banker	Baincéir
Cartographer	Cartographer
Coach	Cóiste
Dancer	Rinceoir
Doctor	Dochtúir
Editor	Eagarthóir
Geologist	Geolaí
Hunter	Hunter
Jeweler	Jeweler
Lawyer	Dlíodóir
Musician	Ceoltóir
Nurse	Altra
Pianist	Pianódóir
Plumber	Pluiméir
Psychologist	Síceolaí
Sailor	Seoltóir
Veterinarian	Tréidlia

Professions #2
Gairmeacha # 2

Astronaut	Spásaire
Biologist	Bitheolaí
Dentist	Fiaclóir
Detective	Bleachtaire
Engineer	Innealtóir
Farmer	Feirmeoir
Gardener	Garraíodóir
Illustrator	Illustrator
Inventor	Aireagóir
Journalist	Iriseoir
Librarian	Leabharlannaí
Linguist	Teangeolaí
Painter	Péintéir
Philosopher	Fealsamh
Physician	Dochtúir
Pilot	Píolótach
Researcher	Taighdeoir
Surgeon	Máinlia
Teacher	Múinteoir
Zoologist	Zoologist

Psychology
Síceolaíocht

Appointment	Ceapachán
Assessment	Measúnú
Behavior	Iompar
Childhood	Óige
Clinical	Cliniciúil
Cognition	Cognition
Conflict	Coimhlint
Dreams	Aisling
Ego	Ego
Emotions	Mothúcháin
Experiences	Eispéiris
Influences	Tionchair
Perception	Dearcadh
Personality	Pearsantacht
Problem	Fadhb
Reality	Réaltacht
Subconscious	Subconscious
Therapy	Teiripe
Thoughts	Smaointe
Unconscious	Gan Aithne

Rainforest
Foraois Bháistí

Amphibians	Amfaibiaigh
Birds	Éin
Botanical	Luibheolaíoch
Climate	Aeráide
Clouds	Scamaill
Community	Pobal
Diversity	Éagsúlacht
Indigenous	Dúchasacha
Insects	Feithidí
Jungle	Jungle
Mammals	Mamaigh
Moss	Mu
Nature	Nádúr
Preservation	Caomhnú
Refuge	Tearmann
Respect	Meas
Restoration	Athchóiriú
Survival	Marthanais
Valuable	Luachmhar

Restaurant #1
Bialann # 1

Allergy	Ailléirge
Bowl	Bowl
Bread	Arán
Cashier	Airgeadóir
Chicken	Sicín
Coffee	Caife
Dessert	Milseog
Food	Bia
Ingredients	Comhábhair
Kitchen	Cistin
Knife	Scian
Meat	Feola
Menu	Roghchlár
Napkin	Napkin
Plate	Pláta
Reservation	Áirithint
Sauce	Anlann
Spicy	Spicy
Waitress	Waitress

Restaurant #2
Bialann # 2

Beverage	Dí
Cake	Císte
Chair	Cathaoirleach
Delicious	Delicious
Dinner	Dinnéar
Eggs	Uibheacha
Fish	Iasc
Fork	Forc
Fruit	Torthaí
Ice	Oighear
Lunch	Lón
Noodles	Núdail
Salad	Sailéad
Salt	Salann
Soup	Anraith
Spices	Spíosraí
Spoon	Spúnóg
Vegetables	Glasraí
Waiter	Freastalaí
Water	Uisce

Science
Eolaíocht

Atom	Adamh
Chemical	Ceimiceach
Climate	Aeráide
Data	Sonraí
Evolution	Éabhlóid
Experiment	Turgnamh
Fact	Fíric
Fossil	Iontaise
Hypothesis	Hipitéis
Laboratory	Saotharlann
Method	Modh
Minerals	Mianraí
Molecules	Móilíní
Nature	Nádúr
Organism	Orgánach
Particles	Cáithníní
Physics	Fisic
Plants	Plandaí
Scientist	Eolaí

Science Fiction
Ficsean Eolaíochta

Atomic	Adamhach
Books	Leabhair
Chemicals	Ceimiceáin
Cinema	Pictiúrlann
Dystopia	Dystopia
Explosion	Pléascadh
Fantastic	Iontach
Fire	Dóiteáin
Futuristic	Futuristic
Galaxy	Réaltra
Illusion	Illusion
Imaginary	Samhlaíocht
Mysterious	Mistéireach
Novels	Úrscéalta
Oracle	Oracle
Planet	Planet
Realistic	Réalaíoch
Robots	Robots
Utopia	Utopia
World	Domhan

Scientific Disciplines
Disciplíní Eolaíochta

Anatomy	Anatamaíocht
Archaeology	Seandálaíocht
Biochemistry	Bithcheimic
Biology	Bitheolaíocht
Chemistry	Ceimic
Ecology	Éiceolaíocht
Geology	Geolaíocht
Kinesiology	Kinesiology
Mechanics	Meicnic
Mineralogy	Mianach
Neurology	Néareolaíocht
Nutrition	Cothú
Physics	Fisic
Physiology	Fiseolaíocht
Psychology	Síceolaíocht
Robotics	Róbataic
Sociology	Socheolaíocht
Thermodynamics	Teirmidinimic
Zoology	Zó-Eolaíocht

Shapes
Cruthanna

Arc	Arc
Circle	Ciorcal
Cone	Cón
Corner	Cúinne
Cube	Ciúb
Curve	Cuar
Cylinder	Sorcóir
Edges	Imill
Ellipse	Ellipse
Hyperbola	Hyperbola
Line	Líne
Oval	Oval
Polygon	Polagán
Prism	Prism
Pyramid	Pirimid
Rectangle	Dronuilleog
Side	Taobh
Sphere	Sféar
Square	Cearnóg
Triangle	Triantán

Spices
Spíosraí

Anise	Anise
Bitter	Searbh
Cardamom	Cardamom
Cinnamon	Cainéil
Clove	Clove
Coriander	Coriander
Cumin	Cumin
Curry	Curry
Fennel	Fennel
Fenugreek	Fenugreek
Flavor	Blas
Garlic	Gairleog
Ginger	Ginger
Nutmeg	Nutmeg
Onion	Oinniún
Paprika	Paprika
Saffron	Saffron
Salt	Salann
Sweet	Milis
Vanilla	Vanilla

Sport
Spórt

Ability	Cumas
Athlete	Lúthchleasaí
Body	Comhlacht
Bones	Cnámha
Coach	Cóiste
Cycling	Rothaíocht
Dancing	Damhsa
Diet	Aiste Bia
Endurance	Endurance
Goal	Sprioc
Health	Sláinte
Jogging	Jogging
Maximize	Maximise
Metabolic	Meitibileach
Muscles	Matáin
Nutrition	Cothú
Program	Clár
Sports	Spóirt
Strength	Neart
Stretching	Síneadh

Technology
Teicneolaíocht

Blog	Blag
Browser	Brabhsálaí
Bytes	Bytes
Camera	Ceamara
Computer	Ríomhaire
Cursor	Cúrsóir
Data	Sonraí
Digital	Digiteach
Display	Taispeáin
File	Comhad
Font	Cló
Internet	Idirlín
Research	Taighde
Screen	Scáileán
Security	Slándáil
Software	Bogearraí
Statistics	Staitisticí
Virtual	Fíorúil
Virus	Víreas

The Media
Na Meáin

Advertisements	Fógraí
Commercial	Tráchtála
Communication	Cumarsáid
Digital	Digiteach
Edition	Eagrán
Education	Oideachas
Facts	Fíricí
Funding	Maoiniú
Images	Íomhánna
Individual	Aonair
Industry	Tionscal
Intellectual	Intleacht
Local	Áitiúil
Magazines	Irisí
Network	Líonra
Newspapers	Nuachtáin
Online	Ar Líne
Opinion	Tuairim
Public	Poiblí
Radio	Raidió

Time
Am

After	Tar Éis
Annual	Bliantúil
Before	Roimh
Calendar	Féilire
Century	Haois
Clock	Clog
Day	Lá
Decade	Deich Mbliana
Future	Todhchaí
Minute	Nóiméad
Month	Mí
Morning	Maidin
Night	Oíche
Noon	Meán Lae
Now	Anois
Soon	Go Luath
Today	Inniu
Week	Seachtain
Year	Bliain
Yesterday	Inné

Town
Baile

Airport	Aerfort
Bakery	Bácús
Bank	Banc
Bookstore	Siopa Leabhar
Cinema	Pictiúrlann
Clinic	Clinic
Florist	Florist
Gallery	Gailearaí
Hotel	Óstán
Library	Leabharlann
Market	An Margadh
Museum	Músaem
Pharmacy	Cógaslann
School	Scoil
Stadium	Staidiam
Store	Siopa
Supermarket	Ollmhargadh
Theater	Amharclann
University	Ollscoil
Zoo	Zú

Universe
Cruinne

Asteroid	Astaróideach
Astronomer	Réalteolaí
Atmosphere	Atmaisféar
Celestial	Celestial
Cosmic	Cosmaí
Darkness	Dorchadas
Eon	Eon
Equator	Meánchiorcal
Galaxy	Réaltra
Hemisphere	Leathsféar
Horizon	Fís
Moon	Gealach
Orbit	Orbit
Sky	Sky
Solar	Gréine
Solstice	Solstice
Telescope	Teileascóp
Tilt	Tilt
Visible	Físeán
Zodiac	Stoidiaca

Vacation #2
Laethanta Saoire #2

Airport	Aerfort
Beach	Trá
Camping	Campáil
Destination	Ceann Scríbe
Foreign	Eachtrach
Foreigner	Eachtrannach
Holiday	Saoire
Hotel	Óstán
Island	Oileán
Journey	Turas
Leisure	Fóillíocht
Map	Léarscáil
Mountains	Sléibhte
Passport	Pas
Restaurant	Bialann
Sea	Farraige
Taxi	Tacsaí
Tent	Puball
Transportation	Iompar
Visa	Víosa

Vegetables
Glasraí

Artichoke	Artichoke
Broccoli	Brocailí
Carrot	Cairéad
Cauliflower	Cóilis
Celery	Soilire
Cucumber	Cúcamar
Eggplant	Eggplant
Garlic	Gairleog
Ginger	Ginger
Mushroom	Beacán
Onion	Oinniún
Parsley	Peirsil
Pea	Pea
Pumpkin	Pumpkin
Radish	Raidis
Salad	Sailéad
Shallot	Shallot
Spinach	Spionáiste
Tomato	Trátaí
Turnip	Tornapa

Vehicles
Feithiclí

Airplane	Eitleán
Ambulance	Otharcharr
Bicycle	Rothar
Boat	Bád
Bus	Bus
Car	Carr
Caravan	Carbhán
Engine	Inneall
Ferry	Ferry
Helicopter	Héileacaptar
Motor	Mótar
Raft	Raft
Rocket	Rocket
Scooter	Scooter
Submarine	Submarine
Subway	Fobhealach
Taxi	Tacsaí
Tires	Boinn
Tractor	Tarracóir
Truck	Truck

Visual Arts
Na Hamharcealaíona

Architecture	Ailtireacht
Artist	Ealaíontóir
Ceramics	Criadóireacht
Chalk	Cailc
Charcoal	Gualach
Clay	Cré
Composition	Comhdhéanamh
Creativity	Cruthaíocht
Easel	Tacas
Film	Scannán
Masterpiece	Sárshaothar
Painting	Péinteáil
Pen	Peann
Pencil	Peann Luaidhe
Photograph	Fótagraf
Portrait	Portráid
Pottery	Potaireacht
Stencil	Stionsal
Varnish	Vearnais
Wax	Céir

Water
Uisce

Canal	Canal
Drinkable	Inólta
Evaporation	Galú
Flood	Tuile
Frost	Sioc
Geyser	Geyser
Humidity	Taise
Hurricane	Hairicín
Ice	Oighear
Irrigation	Uisciúcháin
Lake	Loch
Moisture	Taise
Monsoon	Monsoon
Ocean	Aigéan
Rain	Báisteach
River	Abhainn
Shower	Cith
Snow	Sneachta
Steam	Gaile
Waves	Tonnta

Weather
Aimsir

Atmosphere	Atmaisféar
Breeze	Breeze
Climate	Aeráide
Cloud	Scamall
Drought	Triomach
Dry	Tirim
Fog	Ceo
Hurricane	Hairicín
Ice	Oighear
Lightning	Tintreach
Monsoon	Monsoon
Polar	Polar
Rainbow	Tuar Ceatha
Sky	Sky
Storm	Storm
Temperature	Teocht
Thunder	Thunder
Tornado	Tornado
Tropical	Teochriosach
Wind	Gaoithe

Congratulations

You made it!

We hope you enjoyed this book as much as we enjoyed making it. We do our best to make high quality games.
These puzzles are designed in a clever way for you to learn actively while having fun!

Did you love them?

A Simple Request

Our books exist thanks your reviews. Could you help us by leaving one now?

Here is a short link which will take you to your order review page:

BestBooksActivity.com/Review50

MONSTER CHALLENGE!

Challenge #1

Ready for Your Bonus Game? We use them all the time but they are not so easy to find. Here are **Synonyms**!

Note 5 words you discovered in each of the Puzzles noted below (#21, #36, #76) and try to find 2 synonyms for each word.

Note 5 Words from ***Puzzle 21***

Words	Synonym 1	Synonym 2

Note 5 Words from ***Puzzle 36***

Words	Synonym 1	Synonym 2

Note 5 Words from ***Puzzle 76***

Words	Synonym 1	Synonym 2

Challenge #2

Now that you are warmed-up, note 5 words you discovered in each Puzzle noted below (#9, #17, #25) and try to find 2 antonyms for each word. How many lines can you do in 20 minutes?

Note 5 Words from ***Puzzle 9***

Words	Antonym 1	Antonym 2

Note 5 Words from ***Puzzle 17***

Words	Antonym 1	Antonym 2

Note 5 Words from ***Puzzle 25***

Words	Antonym 1	Antonym 2

Challenge #3

Wonderful, this monster  challenge is nothing to you!

Ready for the last one? Choose your 10 favorite words discovered in any of the Puzzles and note them below.

1.	6.
2.	7.
3.	8.
4.	9.
5.	10.

Now, using these words and within a maximum of six sentences, your challenge is to compose a text about a person, animal or place that you love!

Tip: You can use the last blank page of this book as a draft!

Your Writing:

NOTEBOOK:

SEE YOU SOON!

Linguas Classics Team